Hans-Jürgen Kratz

Motivieren – aber wie?

Hans-Jürgen Kratz

Motivieren – aber wie?

*Mehr Arbeitsfreude,
mehr Zufriedenheit,
mehr Engagement*

Bibliografische Information Der Deutschen Bibliothek

Die Deutsche Bibliothek verzeichnet diese Publikation in der
Deutschen Nationalbibliografie; detaillierte bibliografische Daten
sind im Internet über http://dnb.ddb.de abrufbar.

ISBN 3-89749-225-3

Lektorat: Silke Martin, Kriftel
Umschlaggestaltung: +malsy Kommunikation und Gestaltung, Bremen
Umschlagfoto: photocina, Hamburg
Satz: Lohse Design, Büttelborn
Druck: rgg Printmedien, Braunschweig

© 2003 GABAL Verlag GmbH, Offenbach

www.gabal-verlag.de – More success for you!

Inhaltsverzeichnis

Vorwort

Motivation – ein Wort in aller Munde Der Begriff Motivation hat in den letzten Jahrzehnten nahezu in sämtliche Lebensbereiche Einlass gefunden und ist beinahe zu einem Schlag- und Modewort geworden. Gibt es Probleme in der Beziehung zwischen Vorgesetzten und Mitarbeitern, wird „mangelnder Motivation" die Schuld zugeschoben. Jemand ist nicht unschlüssig, sondern befindet sich in einem „Motivationskonflikt". Bleibt die Aufgabenerledigung hinter den Erwartungen des Vorgesetzten zurück, wird schnell von „verkehrter Motivation" oder einem „Motivationsdefizit" gesprochen.

Motivierte Mitarbeiter entscheidend für Betriebserfolg Sie wissen, dass qualifizierte und motivierte Mitarbeiter ein erfolgsentscheidender Wettbewerbsfaktor sind. Betriebliche Fortschritte aller Art werden erst mit geringem Energieaufwand möglich, wenn Mitarbeiter in einer von ihnen als sinnvoll erlebten Weise in den Arbeitsprozess integriert sind, wenn sie die Fähigkeit, selbstständig zu entscheiden und zu handeln, am Arbeitsplatz entwickeln und praktizieren können. Um dies zu erreichen, stellen Sie sich möglicherweise – wie Heerscharen von Führungskräften auch – die Frage, wie Sie Ihre Mitarbeiter wirkungsvoll motivieren können.

Motivation wäre zu vernachlässigen, wenn Demotivation vermieden würde Angebrachter wäre es zu überlegen, was getan werden müsste, um Behinderungen aus dem Wege zu räumen und Demotivierung zu vermeiden. Die Gelegenheiten, Mitarbeitern beabsichtigt oder unbewusst Knüppel zwischen die Beine zu werfen und sie zu demotivieren, sind Legion. Ohne Motivation wird der Beruf für viele Menschen zu einer lästigen Pflicht, während die ersehnte Erfüllung in der Freizeit gesucht wird. Da Optionen für die Demotivierung unendlich sind, beschäftigen wir uns in diesem Ratgeber mit einer Reihe von Bedingungen, mit denen wir unseren Mitarbeitern die Möglichkeit geben, ihre Arbeit mit Sinn zu erfüllen, Freude an der eigenen Leistung zu erlangen und gleichzeitig produktiv zu agieren.

Motivation (wörtlich: in Bewegung setzen) bedeutet, den Mitarbeiter zu Handlungen zu veranlassen, die er grundsätzlich will – zumindest nicht ablehnt – und die im Sinne des Unternehmens sind. Nur der Mitarbeiter kann sich selbst motivieren, der Vorgesetzte kann lediglich Anreize bieten, welche zu den Bedürfnissen des einzelnen Mitarbeiters passen und ein von der Führungskraft gewünschtes Verhalten bewirken können.

Motivieren kann sich nur der Mitarbeiter selbst

Im Interesse des täglich mit Führungsproblemen befassten Vorgesetzten wird in diesem Buch das Thema Motivation vorrangig unter praxisorientierten Aspekten dargestellt. Keinesfalls soll der Versuch unternommen werden, die wissenschaftliche Diskussion um weitere eher akademische Überlegungen zu bereichern. Deshalb werden im ersten Teil zunächst allgemein gültige theoretische Erkenntnisse „auf den Punkt gebracht", ohne die im zweiten Teil eine praxisbezogene Umsetzung schwerlich nachvollziehbar wäre.

Praxisorientierung hat Vorrang

Die Leserinnen sollten sich auch dann von den Ausführungen dieser Veröffentlichung angesprochen fühlen, wenn Begriffe wegen der besseren Lesbarkeit nur in der männlichen Form gewählt wurden.

Ihr

Theoretische Grundlagen

Möglichkeiten der Beeinflussung von Mitarbeitern

Mitarbeiterführung beinhaltet Beeinflussung

Wichtigste und ständige Aufgabe eines jeden Vorgesetzten ist, einen Mitarbeiter oder eine Gruppe von Mitarbeitern unter Berücksichtigung der jeweiligen Situation so zu beeinflussen, dass gemeinsame betriebliche Ziele bestmöglich erreicht werden. Hierbei ist die Art und Weise von entscheidender Bedeutung, wie ein Vorgesetzter beeinflussend auf seine Mitarbeiter einwirkt.

Manipulation dient nur dem Manipulierenden

Oft genug übt sich der Vorgesetzte in der Rolle des Manipulators. Um des eigenen Vorteils willen beeinflusst er bewusst das Leben und das Verhalten seiner Mitarbeiter, ohne dass diese sogleich bemerken, wie ihnen geschieht. Die wahren Absichten des Manipulators werden verschleiert, sodass durch die Täuschung des Mitarbeiters eine unechte Willensübereinkunft erzielt wird. Damit befriedigt der Vorgesetzte seine eigenen Bedürfnisse, lässt jedoch die Bedürfnisse der Mitarbeiter außer Acht.

Manipulation erzeugt Misstrauen

Erkennen Mitarbeiter zu einem späteren Zeitpunkt, dass sie Opfer einer Manipulation wurden, werden sie hellhörig und fühlen sich mit gutem Recht betrogen. Sie werden künftig ihrem Vorgesetzten mit großem Misstrauen begegnen, sodass diesem eine zweite Manipulation nur noch schwerlich gelingen wird.

> **Eine oft erkennbare Möglichkeit der Beeinflussung von Mitarbeitern besteht darin, Druck auszuüben.**

Die Grundeinstellung zu den Mitarbeitern ist entscheidend

Der Vorgesetzte besitzt als Beauftragter des Arbeitgebers die Leitungs- oder Weisungsbefugnis, die ihn berechtigt, Art, Ort und Zeit der Arbeitsleistung der ihm zugeordneten Mitarbeiter näher zu bestimmen. Mit der ihm zugewiesenen hierarchischen Autorität oder Amtsautorität ist auch das Recht des Vorgesetzten verbunden, zur Durchführung seiner Anordnungen Sanktionen ergreifen zu dürfen. Ob und in welchem Maße er von Sanktionen Gebrauch macht, ist wesentlich davon abhängig, welche Auffassung er über die Arbeitsbereitschaft des Menschen allgemein und des Mitarbeiters im Besonderen vertritt.

Theorie X

Der amerikanische Verhaltenswissenschaftler Douglas McGregor, Professor am renommierten Massachusetts Institute of Technology, stellte 1960 der breiten Öffentlichkeit seine Theorie X vor, die ein autoritäres und antiquiertes Denkmodell mit folgenden Grundannahmen beschreibt:

- Dem Durchschnittsmenschen ist eine Abneigung gegenüber der Arbeit angeboren und er versucht, Arbeit zu vermeiden, wo immer er dazu in der Lage ist.
- Als Folge der Abneigung gegenüber der Arbeit muss der Mensch gezwungen, kontrolliert, ausgerichtet, bedroht und bestraft werden, um diejenige Leistung zu erbringen, die zur Erfüllung unternehmerischer Ziele erbracht werden muss, da nicht einmal das Versprechen einer Entlohnung hierfür ausreicht.

■ Der Durchschnittsmensch zieht es vor, angeleitet zu werden, er versucht, Verantwortung abzuwälzen, entwickelt wenig Ehrgeiz, verlangt nach Sicherheit und möchte sich vor allem wie die Mehrheit der Menschen verhalten.

Arbeit – ein notwendiges Übel? Hiernach wird der Arbeit kein motivierender Charakter beigemessen, sondern sie wird als ein notwendiges Übel, lediglich als Mittel zum Zweck dargestellt, das man zur Befriedigung der grundlegenden Bedürfnisse auf sich nehmen muss. Vorgesetzte, die dem Theorie-X-Standpunkt zustimmen, huldigen der überkommenen frühkapitalistischen und repressiven Auffassung, wonach das Verhalten der Mitarbeiter eindeutig, meist mit harten Mitteln, beeinflusst werden muss.

Theorie X bewirkt autoritäres Führen Bezweifelt ein Vorgesetzter insgeheim, dass ein Mitarbeiter sein Bestes gibt, unterstellt er, dass ein Mitarbeiter das Unternehmen um einen beträchtlichen Anteil seiner Arbeitskraft latent betrügt; meint er, Mitarbeiter allein durch Bestrafungen auf Trab bringen zu können, so darf er sich nicht wundern, wenn jeder Rest von Eigeninitiative bei dem Mitarbeiter verschwindet. Irgendwann wird sich diese sich selbst erfüllende Prophezeiung bestätigen: Weder Geld noch gute Worte werden helfen, das Leistungsvermögen dieses innerlich gekündigten Mitarbeiters zu aktivieren. Der Mitarbeiter hat längst die „Ich-tue-hier-nur-meinen-Job-Philosophie" verinnerlicht.

Theorie X erzeugt Minimalisten In unserer Zeit versuchen Mitarbeiter, ein solches System mit allen Kräften zu sabotieren. Sie tun zwar – häufig halbherzig, mürrisch und widerwillig –, was man ihnen sagt, aber auch keinen Handschlag mehr. Mit anderen Worten: Die innere Einstellung des Mitarbeiters „Ich muss!" macht ihn zu einem Minimalisten, dessen Leistung dort liegt, wo sie gerade noch akzeptiert wird.

Herzbergs Denkmodell KITA

Vorgesetzte mit einer der Theorie X angenäherten unzeitgemäßen Einstellung finden sich auf nachstehendem Bild wieder, welches auf einem Denkmodell des Motivationsforschers Frederick Herzberg basiert.

Z
I
E
L

Der Vorgesetzte trägt einen Schuh mit Stahlspitze, mit dem er den vor ihm stehenden störrischen und widerborstigen Esel – den Mitarbeiter – permanent in den Allerwertesten tritt. Der Esel wird einen Schritt nach vorn gehen, stehen bleiben oder versuchen, sich seitlich in die Büsche zu schlagen. Um dies zu vermeiden, folgt der nächste Tritt. Dies wiederholt sich unter großem Zeit- und Energieeinsatz immer wieder, bis schließlich der Esel an dem vom Vorgesetzten anvisierten Ziel angelangt ist. Ohne massiven Druck und ständige Kontrolle lässt sich bei dieser als KITA („Kick in the arse" = Tritt in den Allerwertesten) bezeichneten Vorgehensweise das Ziel nicht erreichen.

KITA = Kick in the arse

In unserer Arbeitswelt ist zunehmend die Tendenz zu beobachten, Mitarbeiter seelisch unter Druck zu setzen.

KITA ist unmoralisch!

KITA erzeugt Gegendruck Gelegentliche Attacken auf die Mitarbeiterpsyche bis hin zu regelmäßigem Mobbing sind zwar weniger augenfällig brutal, schlagen jedoch tiefe seelische Wunden und sind demzufolge ebenso unmoralisch wie direkte Aggressionen. Bei eingesetztem KITA übersieht der Vorgesetzte, dass nach einem alten physikalischen Gesetz Druck Gegendruck erzeugt. So muss in unserem Denkmodell der Vorgesetzte hellwach sein, damit er rechtzeitig eine Gegenreaktion des Esels erahnt (z. B. tritt der Esel in einem Moment der Unaufmerksamkeit zurück oder sucht das Weite) und im Keime erstickt. Und was passiert, wenn durch eine längere Abwesenheit des Vorgesetzten die Mitarbeiter dem permanenten Druck nicht mehr ausgesetzt sind? Nun, erfahrungsgemäß tanzen dann die Mäuse auf dem Tisch.

KITA ist Teil eines autoritären Führungsverhaltens Indem er ständig Druck ausübt, dokumentiert ein Vorgesetzter ein autoritäres Führungsverhalten, welches als anachronistisch einzuordnen ist. In einem freiheitlichen Staatswesen kann ein politisch freier und mündiger Bürger seine Identität nicht am Arbeitsplatz ablegen und in die Haut eines Untergebenen, eines bedingungslos Gehorchenden schlüpfen. Würde ein Vorgesetzter dennoch darauf bestehen, wären gravierende Konflikte die Folge.

Wir erkennen im Druckausüben eine untaugliche Beeinflussungsmöglichkeit!

Motivation statt KITA Wenden wir uns daher einer anderen Möglichkeit zu, der Motivation (Karottenmethode).

Theorie Y Bemühen wir zunächst noch einmal Douglas McGregor, diesmal aber mit seiner Theorie Y, die folgende Prämissen enthält:

- Sich physisch oder geistig anzustrengen, ist dem Menschen ebenso eigen wie der Spieltrieb. Darüber hinaus kann die Arbeit sowohl Befriedigung als auch Enttäuschung hervorrufen.
- Äußere Kontrolle und Androhung von Strafen sind allein nicht ausreichend, um einen Menschen dazu zu veranlassen, bestimmte Ziele zu erreichen. Der Mensch zieht es vor, innerhalb des Zielsystems, mit dem er sich identifiziert, Eigenverantwortung und ein bestimmtes Maß an Selbstkontrolle zu übernehmen.
- Unter normalen Bedingungen akzeptiert der Mensch nicht nur Verantwortung, sondern er sucht sie sogar; Scheu vor Verantwortung, Mangel an Ehrgeiz und vorherrschendes Sicherheitsdenken sind Folgen der Erfahrung, nicht jedoch charakteristisch für den Menschen.
- Einfallsreichtum und Kreativität finden sich häufiger unter den Menschen als zunächst vermutet.
- Die intellektuellen Fähigkeiten des Durchschnittsmenschen werden nur teilweise genutzt.

Nähert ein Vorgesetzter sein Führungsverhalten den Prämissen der Theorie Y an, wird er kooperativ führen. Führen durch Zwang und Kontrolle wird vom Führen durch Motivation ersetzt. Zweifelsohne ist als gesicherte Erkenntnis zu werten, dass der Führungsstil Typ Y durch den erhöhten Motivationsstand eine größere Produktivität mit besseren Resultaten bewirkt. Der Y-Vorgesetzte wird sich nicht als Antreiber von Galeerensklaven verstehen, sondern sich als Teil einer harmonierenden und gut zusammenarbeitenden Mannschaft betrachten.

Theorie Y bewirkt kooperatives Führen

Das Führen durch Motivation soll auf der Grundlage eines weiteren Denkmodells von Herzberg verdeutlicht werden.

Z
I
E
L

Karottenmethode statt KITA Bei der Karottenmethode hat der mit einer Stahlspitze ausgestattete Schuh ausgedient. Der Vorgesetzte lässt dafür vor dem Maul des Esels eine Karotte hin und her tanzen, die an der Spitze einer in seiner Hand befindlichen Angel befestigt ist. Da Esel Karotten besonders mögen, können wir nachvollziehen, dass er freudig erregt nach vorn springt, um sich die Karotte einzuverleiben. In dem vom Esel angeschlagenen Tempo bewegt sich der Vorgesetzte in die gleiche Richtung, sodass der angestrebte Zielpunkt alsbald erreicht ist. Als Lohn für seine Mühen erhält der Esel die in Aussicht gestellte Karotte.

Wahl der passenden Karotte Bei dieser Vorgehensweise ist jedoch zu bedenken, dass nicht jeder Esel auf die gleiche Karottenart Appetit verspürt. Demzufolge kann die Karottenmethode nur dann Erfolg versprechend eingesetzt werden, wenn uns bekannt ist,

■ welche verschiedenartigen Karotten insgesamt zur Auswahl stehen (siehe Seiten 22 bis 27) und
■ auf welche Karottenart der Esel gegenwärtig besonders großen Appetit hat (siehe Seiten 36/37).

Der Vorgesetzte muss zunächst auf Karottensuche gehen und die vom Esel besonders gewünschte Karottenart anbieten.

Verlassen wir nun das Denkmodell und wenden wir uns einigen Erkenntnissen der Motivationspsychologie zu.

Menschen sind „Mängelwesen", denen immer irgendetwas fehlt. Sie haben persönliche Wünsche, Vorstellungen, Hoffnungen, Sehnsüchte, Leidenschaften, Gelüste und Triebe. Die Aussicht, diese Bedürfnisse (= Karotten) zu befriedigen, weckt in Menschen Energien und erzeugt ein zielgerichtetes Verhalten. Sie arbeiten nach der Devise „Ich will!" selbstständig und engagiert auf ihre Ziele hin – sie sind motiviert.

Menschen werden durch die eigene Bedürfnisbefriedigung motiviert

Arbeitspsychologen überlegten, ob das vom Mitarbeiter für seine persönliche Bedürfnisbefriedigung eingesetzte Energiepotenzial gleichzeitig für die Erledigung betrieblicher Aufgaben genutzt werden kann. Da jeder Mensch zielorientiert handelt, um seine Bedürfnisse zu befriedigen, und auch im Unternehmen zielorientiert gearbeitet werden muss, wäre es nahe liegend, eine Übereinstimmung zwischen den persönlichen Zielen des Mitarbeiters und den Zielsetzungen des Betriebes herbeizuführen.

Übereinstimmung von Mitarbeiter- und Betriebszielen möglich?

Zunächst scheinen die unterschiedlichen Zielsetzungen jedoch unüberbrückbar:

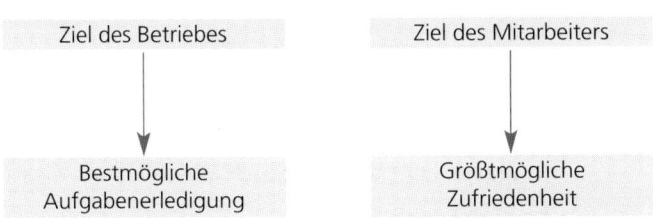

15

Anders dargestellt:

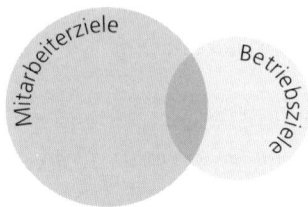

Betriebsziele und Mitarbeiterziele stimmen nur wenig überein!

Übereinstimmung anstreben Hier setzt die wichtige und eine ständige Herausforderung bedeutende Aufgabe des Vorgesetzten ein, Mitarbeiterziele den Betriebszielen anzunähern, bis idealerweise die Betriebsziele Bestandteil der Mitarbeiterziele sind:

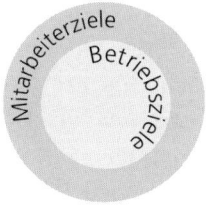

Gelingt dies, werden die Mitarbeiter von sich aus die Ziele anstreben, die sie aus der Sicht des Vorgesetzten auch erreichen sollen. Mitarbeiter legen dann erfahrungsgemäß ein großes Engagement und eine hohe Arbeitsmoral an den Tag und sind voraussichtlich mit größerem Erfolg tätig. Immerhin realisieren die Mitarbeiter zugleich mit den Unternehmenszielen ihre eigenen Ziele.

Ziel: statt „Ich muss" besser „Ich will!" Also: Im Idealfall soll Motivation dazu führen, dass beim Mitarbeiter der Gedanke des „Arbeiten-Müssens" von dem Gefühl des „Arbeiten-Wollens" abgelöst wird. Der Mitarbeiter wird bereit sein, aus eigenem Antrieb Leistung zu erbringen. Hieraus resultierende Erfolge des Mitarbeiters werden auch Erfolge des Vorgesetzten sein. Und welcher Vorgesetzte wollte sich diese Erfolge nicht sichern?

Hierzu ein Beispiel:

Ein Chemiebetrieb hat nach einem Unfall, der erhebliche Umweltschäden verursachte, mit einem sehr negativen Image zu kämpfen. Deshalb entschließt sich die Geschäftsleitung, einen Tag der offenen Tür durchzuführen, um der Öffentlichkeit die Möglichkeit zu geben, sich von den zwischenzeitlich verbesserten und verstärkten sicherheitstechnischen Maßnahmen zu überzeugen. Als Organisator der Veranstaltung wird Chemie-Ingenieur Klar bestellt, der dem Produktionsleiter Klug schon mehrfach wegen eines offenbar ungestillten Bedürfnisses nach Geltung und Anerkennung aufgefallen war. Klar übernimmt diesen Auftrag sogleich ohne Murren. Mit hoher Wahrscheinlichkeit wird der Mitarbeiter klaglos alle über sein normales Aufgabengebiet hinausgehenden Vorbereitungsarbeiten Erfolg versprechend erledigen und im Rahmen seiner Fähigkeiten mit intensivem Einsatz und großem Engagement verfolgen. Mit dieser ungewöhnlichen Aufgabe wird dem Chemie-Ingenieur Klar die gewünschte Anerkennung in vielfältiger Form zuteil:

Ein Beispiel für „Ich will!"

- *Die übertragene Sonderaufgabe hebt ihn aus der Gruppe der Ingenieure heraus.*
- *Durch Einschaltung anderer Unternehmen, Behörden und Institutionen wird er am Ort als „wichtiger Mann" bekannt.*
- *Der Kontakt mit der örtlichen Presse und die Nennung seines Namens in Zeitungsberichten stellen eine weitere Aufwertung dar.*
- *Die Erwähnung seiner Leistung durch den Betriebsleiter nach durchgeführter Aktion hebt zusätzlich das Selbstwertgefühl.*

In diesem Beispiel wird dem Mitarbeiter die Möglichkeit eröffnet, mit der Wahrnehmung der zusätzlichen Aufgabe seinem persönlichen, bei weitem nicht befriedigten Bedürfnis nach Anerkennung Rechnung zu tragen. Mit dieser erfolgreichen Motivation wird es dem Produktionsleiter gelingen, bestmögliche Aufgabenerledigung unter gleichzeitig größtmöglicher Zufriedenheit des Mitarbeiters Klar zu erzielen. Der Mitarbeiter wird das vom Vorgesetzten gewünschte Verhalten zeigen, weil er selbst es so will!

Motivation ist nicht identisch mit Manipulation

Ein Hinweis am Rande: Manche Kritiker sehen in der Motivation einen psychologischen Trick, eine feinsinnig verbrämte Form der Manipulation. Sie akzeptieren nicht, dass viele Menschen erstaunliche Leistungen im Wesentlichen aus Freude an der Arbeit erbringen, dass es gelegentlich zu Selbstausbeutung bis hin zu totaler Erschöpfung kommt, wenn der Einsatz eigener Kräfte zu selbst gewählten Zielen genutzt wird. Dass berufliche Arbeit Spaß machen kann, dass man stolz auf erzielte Ergebnisse ist, all das gilt diesen Kritikern als suspekt, utopisch oder verräterisch.

Hohe Motivation im Freizeitbereich

Hier sollten Skeptiker den Blick auf die Freizeitleistungen der Menschen richten, bei denen sie sich ohne Manipulation freiwillig engagieren, persönliche Opfer bringen, Mittel investieren und auch unangenehme Begleiterscheinungen in Kauf nehmen. Das aufopferungsvolle Engagement in Bürgerinitiativen, Vereinen oder Parteien mit teilweise hochdisziplinierten geistigen Aktivitäten oder ehrenamtlichen Tätigkeiten sollte Skeptiker nachdenklich stimmen.

Und womit ist die Teilnahme von Freizeitsportlern an den großen Marathonläufen zu begründen? Weshalb scheut ein Alpinist weder Mühen noch Schweiß, um unter kalkulierbaren Gefahren einen Gipfel zu besteigen?

Nun, das Gefühl, eine anspruchsvolle und herausfordernde Aufgabe bewältigt zu haben, verschafft dem Menschen ein Flow-Erlebnis (Flow = Erfahrung, in der ein Mensch völlig in einer Tätigkeit aufgeht und dabei ein besonderes Glücksgefühl des Gelingens erlebt) oder auch Glücksgefühle und Faszination. Hierzu ein überzeugendes Beispiel: Der mit mehr als hundert Patenten versehene amerikanische Erfinder *Thomas Alva Edison* soll, hoch in den Achtzigern, gegen Ende seines Lebens gesagt haben:

Ein Flow-Erlebnis wird angestrebt

> **Ich arbeitete keine Stunde in meinem Leben, alles war nur Lust und Freude!**

Welche Bedürfnisse sind Triebfedern für das Verhalten von Mitarbeitern?

Arbeitszufriedenheit durch Bedürfnisbefriedigung

Mitarbeiter haben bestimmte Bedürfnisse, die sie im Rahmen ihres Arbeitsverhältnisses zu befriedigen hoffen. In dem Maße, wie ihre Bedürfnisse erfüllt werden, kann man im Allgemeinen eine mehr oder weniger hohe Arbeitszufriedenheit erwarten. Arbeitszufriedenheit ist wiederum eine Voraussetzung für ein positives Arbeitsverhalten. Deshalb stellt sich die Frage, welche Bedürfnisse Menschen haben, und aus der Folgerung daraus, welche Maßnahmen ihr Arbeitsverhalten beeinflussen können.

Materielle Leistungen einziger Motivationsfaktor?

Der amerikanische Ingenieur Frederick Winslow Taylor stellte die Hypothese auf, dass Menschen durch ihr Erwerbsstreben charakterisiert werden und mithin das Geld der einzig entscheidende Motivationsfaktor sei. Dieser Annahme schlossen sich Generationen von Vorgesetzten an. So erklärte beispielsweise der amerikanische Automobilindustrielle *Henry Ford*:

> Alles, was der Arbeiter will, ist, dass man ihn anständig bezahlt und ihm sagt, was er zu tun hat.

Demgegenüber vertrat 1949 bei Lohnverhandlungen ein amerikanischer Gewerkschaftsführer den Standpunkt:

> **Wir wollen nicht nur Brot, sondern wir wollen auch Rosen dazu.**

Tatsächlich wirken unendlich viele Motive (= Beweggründe) auf das Verhalten des Menschen ein. Dem amerikanischen Motivationspsychologen Abraham H. Maslow ist das Verdienst zuzuschreiben, das Modell einer Bedürfnispyramide entwickelt zu haben, welches die Vielzahl der Motive auf fünf überschaubare Bedürfniskategorien zurückführt. Vereinfacht dieses Erklärungsmodell zwar die Vielschichtigkeit menschlicher Bedürfnisse, ist es doch ein hilfreiches Instrument für den Praktiker mit Führungsverantwortung.

Maslows Bedürfnispyramide

Bedürfnisse nach Selbstentfaltung — **5.** Stufe

Psychologische Bedürfnisse, Ego-Needs — **4.** Stufe

Soziale Bedürfnisse — **3.** Stufe

Sicherheitsbedürfnisse — **2.** Stufe

Physiologische Bedürfnisse = Grundbedürfnisse — **1.** Stufe

Stufe 1: Physiologische oder physische Bedürfnisse = Grundbedürfnisse

Grundbedürfnisse Auf der untersten Ebene der Bedürfnispyramide treffen wir die physiologischen Bedürfnisse an, die über Sein oder Nichtsein entscheiden: Essen, Trinken, Schlafen, Geschlechtstrieb, Gesundheit, Kleidung, Wohnung. Viele Bedürfnisse dieser Ebene erfüllen wir uns mit den aus unserer Erwerbstätigkeit resultierenden finanziellen Mitteln. Hieraus ist zunächst unser Drang zum Geldverdienen zu verstehen.

Bestehen bei diesen Grundbedürfnissen wesentliche Defizite, wird ein Mensch sein ganzes Sinnen und Trachten auf eine Befriedigung dieser existenziellen Bedürfnisse richten. So wird er in Krisensituationen für eine warme Graupensuppe, die wir normalerweise dankend ablehnen, Schwerstarbeit verrichten. Kurz und bündig erkannte dies *Bert Brecht*:

> **Erst kommt das Fressen, dann die Moral!**

Welche Mittel der Bedürfnisbefriedigung stehen uns im beruflichen Alltag für diese Ebene der Bedürfnispyramide zur Verfügung?

Betriebliche Realisierungs-möglichkeiten
- Gesunder Arbeitsplatz,
- ausreichende Beleuchtung,
- klimatisierte Arbeitsräume,
- Hilfe bei der Wohnraumbeschaffung,
- ärztliche Betreuung bei gesundheitsgefährdenden Tätigkeiten,
- Schutzkleidung,
- Erholungsurlaub,

■ Pausen und Erholzeiten,
■ Kantine, Mittagstisch,
■ finanzielles Existenzminimum,
■ Bereitstellung von Arbeitshilfsmitteln zur körperlichen Entlastung.

Stufe 2: Bedürfnisse nach Sicherheit

Jeder Mensch hat – auch wenn er es nicht ausspricht – Furcht vor dem Unbekannten. Wir wollen nicht mit unnötigen Ängsten und Ungewissheiten leben, die uns quälen und das Leben vergällen. Deshalb richtet der Mensch sein Interesse auf die Frage, inwieweit seine physiologischen Bedürfnisse auch in Zukunft befriedigt bleiben. Hier sind Aspekte der materiellen Sicherheit des Arbeitsplatzes und das Bedürfnis nach Stabilität, Schutz, Ordnung, Gesetz und der Wunsch nach Sicherheit vor Risiken durch Naturkatastrophen, Krankheit oder Alter einzuordnen. Mit diversen abgeschlossenen Versicherungen wollen wir uns vor den Gefahren des täglichen Lebens schützen.

Sicherheits-bedürfnisse

Unser Staat berücksichtigt die Sicherheitsbedürfnisse seiner Bürger, indem er für ein funktionierendes Gemeinwesen sorgt und auf eine soziale Sicherung über Renten-, Krankheits-, Pflege-, Arbeitslosenversicherung achtet. Weiterhin trägt er mit diversen Spezialbestimmungen – z. B. Kündigungsschutz-, Mutterschutz-, Arbeitsplatzschutzregelungen – dem Bedürfnis nach Sicherheit der Bürger Rechnung. Im Betrieb kommen dieser Bedürfnisebene entgegen:

■ Langfristige Arbeitsverträge,
■ sicherer Arbeitsplatz,

Betriebliche Realisierungs-möglichkeiten

23

- Stellvertreterregelungen,
- Stellenbeschreibungen zur organisatorischen Absicherung des eigenen Arbeitsplatzes,
- Einbeziehung von Arbeitnehmervertretungen in personelle Entscheidungsprozesse,
- Beschwerdemöglichkeiten,
- Arbeitsvorschriften, Handbücher, Hausmitteilungen,
- praktizierter Unfallschutz,
- rechtzeitiges und ausreichendes Unterrichten sowie frühzeitiges Einbeziehen der Mitarbeiter in vorgesehene Veränderungen,
- Unfallversicherung,
- betriebliche Altersversorgung,
- betriebliche Weiterbildungsmöglichkeiten zur Absicherung des Arbeitsplatzes,
- Zusicherung sozialverträglicher Lösungen bei Freisetzung von Arbeitskräften,
- Hinweise auf positive Unternehmenszukunft,
- tariflich abgesicherte Unkündbarkeit bei längerer Betriebszugehörigkeit.

Stufe 3: Soziale Bedürfnisse

Soziale Bedürfnisse Bereits in der Bibel heißt es, dass es nicht gut sei, wenn der Mensch allein ist. Kein Mensch möchte das tröstliche Gefühl der Zusammengehörigkeit missen. Demzufolge strebt der Mensch nach Zuneigung, nach Geborgenheit und nach Identifizierung mit der Gruppe. Der Vorgesetzte kann durch folgende Maßnahmen das „Wir-Gefühl" stärken:

Betriebliche Realisierungsmöglichkeiten
- Ersatz monotoner Fließbandarbeit oder Einzelarbeit durch Gruppen-/Teamarbeit,
- Beseitigen von Konflikten in der Arbeitsgruppe,

- Integration isolierter Mitarbeiter,
- vertrauensvolle Mitarbeitergespräche,
- offene Kommunikation am Arbeitsplatz,
- kooperativer Führungsstil,
- rechtzeitige Information der Mitarbeiter über geplante organisatorische Veränderungen, welche die Gruppenzusammengehörigkeit berühren,
- Betriebsausflug und -fest,
- Betriebssportgruppen,
- Kegelabend der Abteilung.

Ein gutes Betriebsklima fördert den so wichtigen Teamgeist und kommt der Bedürfnisbefriedigung auf dieser Ebene sehr entgegen.

Stufe 4: Psychologische Bedürfnisse oder ichbezogene Bedürfnisse bzw. „Ego-Needs"

In Stufe 3 will der Mitarbeiter integriert sein, einfach dazugehören. Auf Dauer wird er sich damit aber kaum zufrieden geben, sondern darauf Wert legen, als Individuum ein hohes Maß an Wertschätzung aus der Umwelt zu erfahren. Hier stehen für den Menschen in europäischen oder europäisch geprägten Gesellschaften sozialer Erfolg, Anerkennung, Status und Prestige im Vordergrund. Jeder von uns trägt drei große unsichtbare Spruchbänder auf seiner Brust, auf denen steht:

Psychologische Bedürfnisse

Ich möchte wichtig sein!

Ich möchte anerkannt werden!

Ich möchte bewundert werden!

Erfolgserlebnisse bilden eine wesentliche Voraussetzung für eine dauerhaft positive Einstellung zur Arbeit und für die Erzielung optimaler Ergebnisse. Anreize auf dieser Bedürfnisebene stellen dar:

Betriebliche Realisierungsmöglichkeiten

■ Aufstiegsmöglichkeiten,
■ Delegation von Aufgaben, Kompetenzen und Verantwortung,
■ Einkommenshöhe (größeres Einkommen, das die eigene Wichtigkeit unterstreicht und die Anerkennung der Firma mit den gezeigten Leistungen verdeutlicht, auch um sich mehr „zu leisten" und damit Anerkennung aus der Umwelt zu erfahren),
■ Anerkennung durch den Vorgesetzten,
■ Beteiligung an betrieblichen Planungen und Entscheidungsfindungen,
■ Vertretung des Unternehmens in externen Gremien,
■ sog. „Klimbim-Aktionen" zur Statusanhebung (Statussymbole = „Rangabzeichen der Zivilisten"): Größe des Arbeitszimmers, Ausstattung mit Möbeln, Vorzimmer, offizielle Befreiung von festgelegten Arbeitszeiten, verschiedenfarbige Schutzhelme auf Baustellen, wohlklingende Tätigkeitsbezeichnungen (Teamassistent statt Hilfskraft – Berufskraftfahrer statt Lkw-Fahrer – Versicherungsinspektor statt Versicherungsvertreter – Raumpflegerin statt Putzfrau),
■ Titel, Orden und Ehrenzeichen.

Stufe 5: Bedürfnisse nach Selbstentfaltung

Bedürfnisse nach Selbstentfaltung

Auf der höchsten Ebene der Bedürfnispyramide sind die Bedürfnisse nach Selbstentfaltung und Selbstverwirklichung angesiedelt, die für die kreative Eigengestaltung unseres Lebens bedeutungsvoll sind. Maslow definiert dieses Streben nach persönlicher Erfüllung als „das Bedürfnis, Möglichkeiten und Fähigkeiten zu entwickeln, das aus sich zu machen, was man aus sich zu machen können glaubt". Je größer die beruflichen Freiräume sind, umso eher werden dem Mitarbeiter im Betrieb Eigeninitiative und selbstverantwortliches Handeln möglich.

Mitarbeiter lassen sich auf dieser Ebene beispielsweise motivieren durch:

Betriebliche Realisierungsmöglichkeiten

- Erteilung von Entscheidungsbefugnissen,
- Mitbestimmung bei der Arbeit,
- Karriereplanung,
- interessante/herausfordernde Arbeiten,
- Selbstkontrolle der Arbeitsergebnisse,
- Wechsel anspruchsvoller Arbeiten,
- Flexibilisierung von Arbeitszeiten,
- freie Entscheidung hinsichtlich der Arbeitsdurchführung.

Ein Flow-Erlebnis stellt sich ein

Werden hier durch aufgebaute bzw. freigesetzte Motivkräfte Leistungsziele erreicht, stellt sich das Gefühl einer tiefen Befriedigung (Flow – siehe Seite 19) ein. Der erzielte Erfolg erhöht zudem den Selbstverpflichtungscharakter für die Bewältigung zukünftiger Aufgaben, sodass hohe Qualitäts- und Leistungsstandards auch dann beibehalten werden, wenn äußere Zwänge wegfallen oder die Ertragslage des Unternehmens Einschnitte bei den finanziellen Anreizen notwendig macht.

Übung

Nach der Beschreibung der Bedürfnispyramide sollten Sie sich einer kleinen Übung unterziehen. Versuchen Sie zu erkennen, welche Stufe der Pyramide in der jeweils beschriebenen Situation angesprochen wird.

	Stufe
1. Wunsch, von Kollegen in fachlichen Dingen befragt zu werden.	_____
2. Bedürfnis, sich in der Abteilung durch Übernahme von Aufgaben wie Führen der Kaffeekasse, Kauf von Aufmerksamkeiten bei Geburtstagen u. Ä. nützlich zu machen.	_____
3. Anweisung des Firmeninhabers an den Fuhrparkleiter, ein bestimmtes Fahrzeug als „Chefwagen" ständig zur Verfügung zu haben (obwohl es höchstens zweimal pro Woche benötigt wird).	_____
4. Ziel, eine Arbeitsgruppe souverän und erfolgreich zu leiten und von den Mitarbeitern anerkannt zu werden.	_____
5. Bemühen, Verantwortung möglichst von sich zu weisen.	_____
6. Wunsch, an möglichst vielen Weiterbildungsmaßnahmen teilzunehmen.	_____
7. Bedürfnis, sich in eine Arbeitsgruppe mit guter Arbeitsmoral einzuordnen und die dort geltenden Regeln zu beachten.	_____
8. Interesse an Informationen, auch wenn diese nicht zum unmittelbaren Arbeitsbereich gehören.	_____

9. Wunsch nach möglichst eindeutigen
   Zielsetzungen in der täglichen Arbeit. _____

10. Bedürfnis, auch bei leicht zu lösenden
    Problemen eine Mitarbeiterbespre-
    chung anzusetzen und die offenen
    Fragen im Plenum ausführlich zu dis-
    kutieren. _____

11. Drang, eine besonders vielschichtige
    und interessante Aufgabe ohne Rück-
    sicht auf den großen, in erheblichem
    Maße die Freizeit berührenden Zeit-
    aufwand zu erledigen. _____

12. Bedürfnis, sich bei Besprechungen
    mindestens einmal zu Wort zu melden,
    selbst wenn dies aus sachlichen Er-
    wägungen nicht erforderlich ist. _____

Bitte vergleichen Sie mit unserer Musterlösung:

Zu 1.: Das Bedürfnis nach Anerkennung, ein
Ich-Bedürfnis des Befragten, wird angesprochen. **= Stufe 4**

Zu 2.: Für die Zugehörigkeit zu einer Arbeitsgruppe sind Mitarbeiter häufig bereit,
der Gruppe dienende Aufgaben zu übernehmen. Das soziale Bedürfnis nach Integration in die Gemeinschaft steht hier
im Vordergrund. **= Stufe 3**

Zu 3.: Der „Chefwagen" als Statussymbol signalisiert uns die Stufe der Ego-Needs.　**= Stufe 4**

Zu 4.: Hier wird das Bedürfnis nach Selbstentfaltung und Selbstverwirklichung
erkennbar,　**= Stufe 5**
zusätzlich der Wunsch nach Anerkennung durch die Mitarbeiter
(= Ego-Needs).　**= Stufe 4**

Zu 5.: Wir erkennen das Sicherheitsbedürfnis
eines Mitarbeiters, der auf „Nummer
sicher" gehen will.　**= Stufe 2**

Zu 6.: Je nach Individuum kann
　– das persönliche Sicherheitsstreben
　　ausschlaggebend sein (mehr Wissen =
　　sicherer Arbeitsplatz),　**= Stufe 2**
　– die Hoffnung auf Kennenlernen inte-
　　ressanter Menschen sowie Ausweitung
　　sozialer Kontakte im Vordergrund
　　stehen,　**= Stufe 3**
　– das Gefühl vorherrschen, in den
　　Augen der Kollegen, Mitarbeiter
　　oder Vorgesetzten an Wichtigkeit
　　zu gewinnen,　**= Stufe 4**
　– bei Weiterbildungsmaßnahmen, die
　　der Persönlichkeitsentwicklung oder
　　der Kultivierung von Freizeitinteressen
　　dienen, der Wunsch nach Selbstver-
　　wirklichung Pate stehen.　**= Stufe 5**

Zu 7.: Hier wird das Bedürfnis nach Zugehörigkeit zur Arbeitsgruppe deutlich.　**= Stufe 3**

Der Vorsatz, die in der Arbeitsgruppe
geltenden (ungeschriebenen) Regeln
zu beachten, weist auf das Sicherheits-
streben des Mitarbeiters hin.   **= Stufe 2**

Zu 8.: Der Wunsch nach zusätzlichen Informationen kann aus dem Sicherheitsstreben (man weiß, was so alles
„läuft"),   **= Stufe 2**
aber auch aus den Ego-Needs (man
verfügt über Insider-Wissen und hat
anderen gegenüber einen Informations-
vorsprung) hergeleitet werden.   **= Stufe 4**

Zu 9.: Der Mitarbeiter erwartet von seinem
Vorgesetzten, dass ihm dieser ständig
konkret sagt, was zu tun ist. Dies
entspricht seinem Sicherheitsstreben.   **= Stufe 2**

Zu 10.: Sollte die unausgesprochene Angst vor
Entscheidungen das Handlungsmotiv
sein, haben wir es mit dem Sicherheitsbedürfnis zu tun.   **= Stufe 2**
Auch können Ego-Needs als Auslöser
für das häufige Ansetzen von Mitarbei-
terbesprechungen angesehen werden.   **= Stufe 4**

Zu 11.: Vermutlich müssen wir hier mit einem
Bedürfnis nach Selbstentfaltung
rechnen.   **= Stufe 5**
Möglicherweise geben aber auch die
psychologischen Bedürfnisse für dieses
Tun den Ausschlag, wenn sich der
Mitarbeiter hierdurch mehr Anerken-
nung verspricht.   **= Stufe 4**

Zu 12.: Das In-den-Vordergrund-Schieben
        ohne zwingenden sachlichen Grund ist
        dem Geltungsbedürfnis zuzurechnen. **= Stufe 4**

Motivbündel erkennen Die Auswertung der Übung hat Ihnen gezeigt, dass die Handlungen unserer Mitmenschen häufig von mehreren Motiven bestimmt werden, die zueinander eine Verstärkerfunktion wahrnehmen und ein Motivbündel bilden. Je mehr Bedürfnisse des Mitarbeiters durch seine berufliche Inanspruchnahme erfüllt werden können, umso motivierter wird der Mitarbeiter arbeiten.

Selbstmotivation Am Rande sei vermerkt, dass dieses Prinzip auch für unsere eigene Motivation wichtig ist. Möglichst viele Motive für ein Ziel! Sollen Sie an einer Fortbildungsveranstaltung teilnehmen, durch die mehrere Bedürfnisse erfüllt werden können, z. B.

- bessere Aufstiegsmöglichkeiten im Unternehmen,
- mehr Prestige, besserer Status,
- Freude, mehr zu wissen als die Kollegen,
- Selbstbestätigung,
- sicherer Arbeitsplatz durch größeres Fachwissen,

werden Sie vermutlich bessere Ergebnisse erzielen als dann, wenn Sie widerwillig an einem von Ihrem Vorgesetzten angeordneten Lehrgang teilnehmen.

Welche Bedürfnisstufe steht im Vordergrund? Der Motivationsforscher Maslow behauptet, das jeweils in seiner Bedürfnispyramide tiefer liegende Bedürfnis übe einen dominanten Einfluss auf das Verhalten aus, solange es nicht ausreichend gesättigt ist. Werden die Bedürfnisse einer Ebene annähernd befriedigt, verlieren sie für den Mitarbeiter an Bedeutung und die Motive der nächsthöheren Ebene nehmen einen motivierenden und damit

verhaltensbestimmenden Charakter an. So können beispielsweise soziale Bedürfnisse erst dann eine entscheidende Bedeutung für das menschliche Verhalten erlangen,
wenn die physiologischen Bedürfnisse sowie die Sicherheitsbedürfnisse ausreichend befriedigt wurden und
werden.

Der stufenweise Aufbau der Bedürfnisse darf allerdings
nicht so streng gesehen werden, dass sich erst nach voll-
ständiger Befriedigung eines Bedürfnisses das der nächsthöheren Hierarchiestufe einstellt. Die Übergänge zwischen
den Bedürfniskategorien sind fließend.

Umgekehrt werden die in der Vergangenheit bereits befriedigten Bedürfnisse einer niedrigeren Ebene wieder bedeutsam, wenn sie plötzlich nicht mehr angemessen
befriedigt werden.

Motive lösen sich in ihrer Rangfolge also ständig ab, sodass **Nummer-1-Bedürfnis**
der Mitarbeiter immer einem seiner speziellen Situation **vorrangig**
angepassten Nummer-1-Bedürfnis nachjagt.

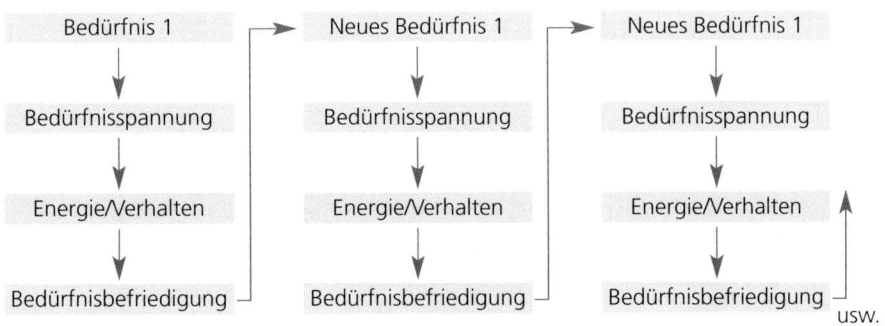

Vollkommene Bedürfnissättigung nicht vorstellbar Mit der Befriedigung eines Bedürfnisses tritt ein anderes Bedürfnis in den Vordergrund, welches seinerseits nach Befriedigung verlangt. *Wilhelm Busch* hat diesen Sachverhalt treffend beschrieben:

> *Wonach du sehnlich ausgeschaut,*
> *Es wurde dir beschieden.*
> *Du triumphierst und jubelst laut:*
> *„Jetzt hab' ich endlich Frieden!"*
> *Ach, Freundchen, rede nicht so wild.*
> *Bezähme deine Zunge.*
> *Ein jeder Wunsch, wenn er erfüllt,*
> *Kriegt augenblicklich Junge.*

Der Mensch wird von ständig wechselnden, eine Befriedigung fordernden Bedürfnissen getrieben und bleibt damit im Grunde seines Wesens unzufrieden.

Mit dieser Feststellung ist keine negative Bewertung verbunden. Wenngleich nach Schopenhauer der Mensch eine „Fehlkonstruktion" ist, müssen wir diese Unzufriedenheit als Motor für unsere ständigen Aktivitäten betrachten. Ohne die sich immer wieder einstellende Unzufriedenheit des Einzelnen wäre unser Gemeinwesen nicht vorstellbar.

Wie können wir die unbefriedigten Bedürfnisse unserer Mitarbeiter erkennen?

Um den Mitarbeiter zu motivieren, sein verstärktes Engagement zu gewinnen, seinen inneren Motor anspringen zu lassen, geht es in erster Linie darum,

- die jeweils nicht erfüllten Bedürfnisse – möglichst das Nummer-1-Bedürfnis – zu erkennen, um
- Aufgaben übertragen zu können, mit deren Lösung gleichzeitig die Befriedigung eines oder mehrerer persönlicher Bedürfnisse verbunden ist.

Antriebe, Wünsche, Streben, Sehnsüchte – kurz: Bedürfnisse sind bei den Menschen unterschiedlich ausgeprägt. Was bei einem Mitarbeiter eine schmackhafte Karotte darstellt, löst bei einem anderen kaum eine Reaktion aus. Je klarer Sie die nicht erfüllten Bedürfnisse des Mitarbeiters erkennen, desto größer sind Ihre Erfolgsaussichten. Bevor Sie konkrete Motivierungsschritte in die Wege leiten, ist deshalb sorgfältiges Recherchieren dringend geboten. Hierbei stellen Sie sich intensiv auf Ihren Mitarbeiter ein und vermeiden die in der Führungspraxis immer wieder erkennbare „Schrotschuss-Moti-

Maßgeschneiderte Bedürfnisbefriedigung erforderlich

vation" (= vielleicht fühlt sich der eine oder andere getroffen).

Menschenkenntnis genügt nicht Der Mitarbeiter wird seine Wünsche, Hoffnungen, Interessen und Gedanken in aller Regel nicht in der Öffentlichkeit zum Ausdruck bringen. Auch wenn Sie glauben, ein guter Menschenkenner zu sein, werden Sie diese Grauzone nicht mit Vermutungen darüber füllen, was der Mitarbeiter wohl will und welche Ziele ihm vorschweben. Wir empfehlen Ihnen vier Vorgehensweisen, um die jeweilige Bedürfnissituation Ihres Mitarbeiters transparent zu machen:

Was sagt das Arbeits- und Pausenverhalten aus? 1. Zunächst gilt es, die Bedürfnisstruktur des Mitarbeiters durch **Beobachtung seines Arbeits- und Pausenverhaltens** zu analysieren.
Fragen Sie sich zum Beispiel:
Werden seine gegenwärtigen Aufgaben gut, bereitwillig, möglicherweise mit großem Engagement erfüllt oder wird nur das Minimum getan? Häufen sich Klagen oder Beschwerden? Wie oft fehlt er? Ist er in die Arbeitsgruppe integriert? Macht er Verbesserungsvorschläge? Wie steht es um seine Belastbarkeit? Hält er sich an Pausenregelungen oder nutzt er jede Gelegenheit, um sich von seinen Aufgaben „abzuseilen"?

Was sagt das Freizeitverhalten aus? 2. Berücksichtigen Sie das Ihnen bekannte **Freizeitverhalten des Mitarbeiters**: Übernimmt er in Gruppen, Vereinen o. Ä. Verantwortung? Übt er eine Nebentätigkeit aus? Hat er Interessen auf kulturellem Sektor? Wie pflegt er Urlaub zu machen? Zeigt er im sportlichen Bereich Einsatz- und Anstrengungsbereitschaft?

Mitarbeitergespräche auswerten 3. Hat Ihnen der Mitarbeiter nicht schon gelegentlich gesagt, was er möchte und welche Ziele ihn im Betrieb ansprechen, so versuchen Sie, dies durch **offene und**

vorbehaltlose Mitarbeitergespräche herauszufinden. Fragen Sie ihn also in freundlicher Atmosphäre nach seinen Erwartungen und Vorstellungen in Bezug auf seinen weiteren beruflichen Werdegang; erkunden Sie seine Wünsche.

4. Zeigen Sie Mut und Souveränität, indem Sie das Maß der Zufriedenheit durch eine **Mitarbeiterbefragung** erkunden (siehe Fragebogen auf den Seiten 38/39).

Mitarbeiterbefragungen erwägen

Bitten Sie Ihre Mitarbeiter in längeren Zeitabständen um eine Stellungnahme. Etwas Mut gehört schon dazu, denn indirekt beurteilen Ihre Mitarbeiter hierbei auch Ihre Führungsqualifikation. Wenn schon ein gutes Klima in Ihrer Arbeitsgruppe herrscht, werden Sie dieser Befragung ohne Skepsis gegenüberstehen.

Einer Mitarbeiterbefragung muss unbedingt eine Auswertung folgen, die auch die Mitarbeiter einbezieht. Gewiss werden Sie die gewonnenen Erkenntnisse überdenken, mit dem jeweiligen Mitarbeiter besprechen und hierbei mit W-Fragen (z. B. „Warum füllt Sie Ihr Aufgabenbereich nicht aus?") den Wünschen des Mitarbeiters auf den Grund gehen.

Auf der Basis der erkannten unbefriedigten Bedürfnisse überlegen Sie, mit welchen Möglichkeiten und Mitteln, mit welchen Anreizen Sie dem Mitarbeiter die Befriedigung dieser Bedürfnisse ermöglichen können. Sie stellen dem Mitarbeiter das Befriedigen seines defizitären Bedürfnisses in Aussicht, wenn er ein bestimmtes von Ihnen gewünschtes Verhalten zeigt. Hat der Mitarbeiter dieses Soll erfüllt, werden Sie Ihr Versprechen einlösen und damit den Motivationsprozess mit Erfolg für alle Beteiligten abschließen.

Anreize müssen „lohnend" sein

Ihre Arbeitszufriedenheit

	Ja	Es geht so	Nein
1. Füllt Sie Ihr Aufgabenbereich aus?	☐	☐	☐
2. Haben Sie eine interessante Arbeit?	☐	☐	☐
3. Können Sie Ihre Arbeit selbstständig ausführen?	☐	☐	☐
4. Können Sie Ihr Arbeits- pensum bewältigen?	☐	☐	☐
5. Sind Sie mit Ihrem Arbeitsplatz zufrieden?	☐	☐	☐
6. Gibt es Unklarheiten bei den Zuständigkeiten?	☐	☐	☐
7. Haben Sie zu Ihrem Vor- gesetzten einen guten Kontakt?	☐	☐	☐
8. Haben Sie zu Ihren Kollegen einen guten Kontakt?	☐	☐	☐
9. Haben Sie zu Ihren Mitarbeitern einen guten Kontakt?	☐	☐	☐

10. Entsprechen die be-
    trieblichen Weiter-
    bildungsmöglichkeiten
    Ihren Vorstellungen? ☐ ☐ ☐

11. Werden gemeinsam mit
    Ihnen Ziele festgelegt? ☐ ☐ ☐

12. Werden Sie im Rahmen
    Ihres Aufgabenbereichs
    bei Planungen und
    Entscheidungen nach
    Ihren Vorschlägen befragt? ☐ ☐ ☐

13. Haben Sie den Eindruck,
    dass Sie häufig/zu intensiv
    kontrolliert werden? ☐ ☐ ☐

14. Werden Sie mit genügend
    Informationen für Ihren
    Arbeitsbereich versorgt? ☐ ☐ ☐

15. Wünschen Sie mehr über
    Ihren Aufgabenbereich
    hinausgehende Infor-
    mationen? ☐ ☐ ☐

16. Durch welche Maßnahmen
    ließe sich Ihre Arbeits-
    zufriedenheit steigern?

    _____

    _____

    _____

Anreize sind einzulösen! Wichtig: Achten Sie als Vorgesetzter darauf, von Ihnen in Aussicht gestellte Anreize auch einzulösen, wenn der Mitarbeiter seinen Teil erfüllt hat. Ansonsten resignieren Mitarbeiter, entziehen Ihnen ihr Vertrauen und versagen Ihnen die Gefolgschaft! Hat sich nämlich der Mitarbeiter vergeblich angestrengt und sich bereits auf den mit Recht erwarteten Erfolg gefreut, reagiert er mit Frustration (siehe Seite 58).

Welche Anreize wirken leistungssteigernd, welche bewirken lediglich ein Beibehalten des bisherigen Leistungsniveaus?

Nachdem Sie über die verschiedenen Bedürfniskategorien informiert und Ihnen Möglichkeiten zum Erkennen unbefriedigter Bedürfnisse Ihrer Mitarbeiter vorgestellt wurden, wenden wir uns der Frage zu, welche Bedürfnisarten für die Motivation von besonderer Bedeutung sind.

Leistungsniveau der Mitarbeiter wird nicht voll ausgeschöpft

Normalerweise sind unsere Mitarbeiter mit einem selten ausgeschöpften Entwicklungs- und Leistungspotenzial ausgestattet. So weisen Untersuchungen darauf hin, dass der repräsentative Wert für das Leistungsniveau des deutschen Durchschnittsarbeitnehmers bei etwa 70 Prozent liegt.

Veranlassen sämtliche Bedürfnisarten den Mitarbeiter, sein Leistungsniveau über 70 Prozent hinaus zu erhöhen? Oder lassen nur bestimmte Bedürfnisarten ein größeres Maß an Motivation erwarten?

41

Beschäftigen wir uns in der folgenden Übung mit der hypothetischen Frage:

Übung

		Ja	Nein
Wann erhöhen sich bei Ihnen vermutlich Leistung und Arbeitszufriedenheit?			
1. Bei einer Gehaltserhöhung infolge einer automatischen tariflichen Regelung?		☐	☐
2. Bei besonders guten Ergebnissen in Ihrer Arbeit?		☐	☐
3. Nach Erhöhung des Anteils selbstständiger Arbeit?		☐	☐
4. Nach einem Neuanstrich Ihres Arbeitszimmers einschließlich einer Verbesserung der Lichtverhältnisse am Arbeitsplatz?		☐	☐
5. Nach einer Beförderung?		☐	☐
6. Bei Einführung einer kürzeren Wochenarbeitszeit?		☐	☐
7. Bei Übertragung von mehr Verantwortung?		☐	☐
8. Bei anerkennenden Äußerungen Ihres Vorgesetzten über Ihre betrieblichen Leistungen?		☐	☐

	Ja	Nein
9. Nach einer Verbesserung der Sozialleistungen Ihrer Firma?	☐	☐
10. Nach Zuweisung von neuen Aufgaben, die Ihr besonderes Interesse wecken?	☐	☐

Vermutlich haben Sie die Fragen 2, 3, 5, 7, 8 und 10 angekreuzt. Untersuchen Sie nun bitte, welchen Bedürfnisarten nach der Bedürfnispyramide die geschilderten Situationen zuzurechnen sind.

Ihr voraussichtliches Ergebnis: Wenn die Bedürfnisse der Stufe 5 und der Stufe 4 (mit Ausnahme des Status und der Statussymbole) positiv berührt werden, kommt es bei Ihnen zu einer Verbesserung der Leistungsergebnisse und der Arbeitszufriedenheit!

Von diesen Bedürfnisarten geht eine dynamische, immer wiederkehrende (eine vollständige Bedürfnissättigung tritt bei diesen Bedürfnissen nicht ein) positive Spannung und Herausforderung aus, weil sie das Erlebnis von Anerkennung, Erfolg, Selbstbestätigung und Selbstverwirklichung hervorrufen. Die damit einhergehende Faszination führt dazu, dass wir „in einer Sache aufgehen" und auch Schwierigkeiten überwinden, denn „wo ein Wille ist, ist auch ein Weg". Demzufolge gelten diese in der Regel zu einer positiven Veränderung des Leistungsverhaltens führenden primären, intrinsischen (= eine Leistung wird erbracht, weil man Befriedigung durch den Leistungsvollzug selbst erfährt – Aktivität = Selbstzweck) Faktoren als **Anspornfaktoren**, **Zufriedenheitssteigerer**, als <u>**Motivatoren**</u>.

Motivatoren bewirken Leistungssteigerung und Arbeitszufriedenheit

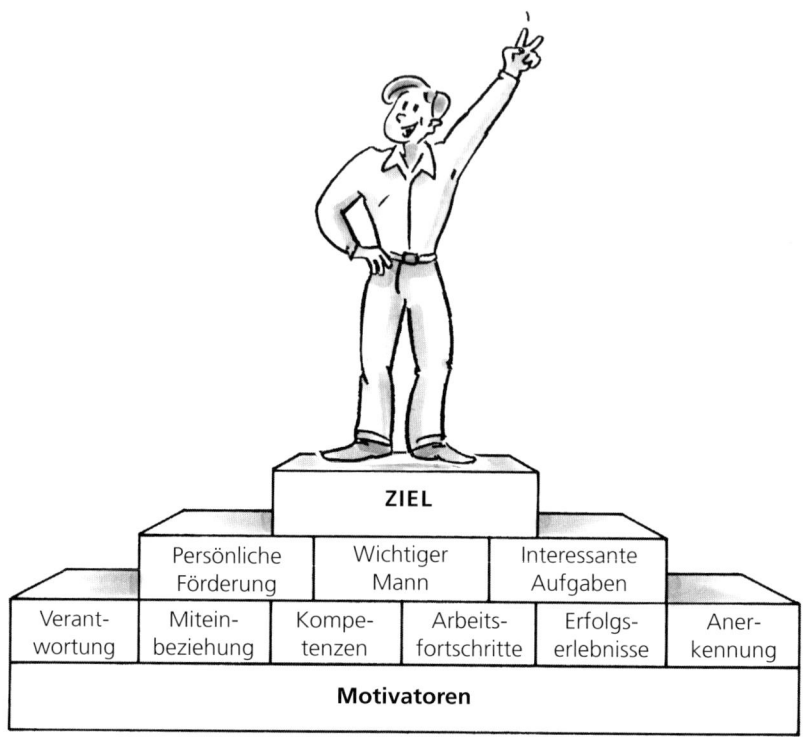

| | | Persönliche Förderung | | Wichtiger Mann | | Interessante Aufgaben | |
| Verant-wortung | Mitein-beziehung | Kompe-tenzen | Arbeits-fortschritte | | Erfolgs-erlebnisse | | Aner-kennung |

ZIEL

Motivatoren

Zu den Motivatoren gehören vor allem:

Wichtige Motivatoren

◾ Selbstwertbestätigung durch Erfolgserlebnisse (das Selbstwertgefühl wird mit der erfolgreichen Lösung einer Aufgabe verstärkt, ein Bedeutungsgewinn erzielt).

◾ Anerkennung durch andere für eine gezeigte Leistung (das Führungsmittel Anerkennung ist ein „lebenswichtiges Vitamin").

◾ Möglichkeiten persönlicher Entwicklung (Freude daran, mit einer beständig schwieriger werdenden Aufgabe mitzuwachsen, Zuwachs an Wissen und Erfahrung).

◾ Herausforderung durch eine ansprechende und den Mitarbeiter fordernde (aber weder über- noch unterfordernde) Tätigkeit, also die „Arbeit selbst".

■ Verantwortungserweiterung mit der Chance, die eigene
Persönlichkeit zur Geltung zu bringen.

> **Motivatoren erhöhen die Arbeitsfreude – ohne
> Arbeitsfreude geht ein Drittel des Lebens verloren!**

Die Bedürfnisse der Stufen 1, 2 und 3 der Maslow'schen
Bedürfnispyramide führen nach unseren bisherigen Über-
legungen nicht zu einer längerfristigen Verbesserung der
Arbeitsmoral. Sollten wir sie deshalb vernachlässigen?

Keinesfalls!

Bewirken diese Bedürfniskategorien auch keine andauern-
de Leistungssteigerung, so würde ihr Fehlen doch Miss-
stimmungen, die im Einzelfall erhöhte Fehlzeiten auslösen
können, hervorrufen, also eine negative Motivation bewirken. Diese Bedürfnisse werden als **Stabilitätsfaktoren,
Unzufriedenheitsvermeider** oder **Hygienefaktoren** be-
zeichnet und betreffen die Begleitumstände der Arbeit
(= sekundäre, extrinsische Motivation: Eine Leistung wird
als Mittel zum Zweck erbracht, um durch diese Aktivität
etwas anderes zu erreichen) wie z. B:

**Hygienefaktoren
beachten**

■ Arbeitsbedingungen
■ Arbeitsplatzsicherheit
■ leistungsgerechte Bezahlung
■ soziale Leistungen
■ Führungsstil
■ Status
■ Unternehmenspolitik
■ Organisationsfragen
■ Arbeitsrichtlinien
■ zwischenmenschliche Beziehungen

Hygienefaktoren verhindern Unzufriedenheit – beugen vor –, bewirken aber weder Befriedigung noch Engagement.

Führt der Arbeitgeber von uns als Hygienefaktoren erkannte Maßnahmen ein (z. B. bessere Ausstattung des Arbeitsplatzes, zusätzliche Sozialleistungen), werden diese als angenehm und wichtig empfunden, jedoch nach recht kurzer Zeit als selbstverständlich hingenommen, sodass von ihnen keine motivierende Dauerwirkung ausgeht.

	Motivatoren = Anspornfaktoren = Zufriedenheitssteigerer = satisfiers = Herausforderung durch die Arbeit selbst	Hygienefaktoren = Stabilitätsfaktoren = Konsistenzfaktoren = Unzufriedenheitsvermeider = dissatisfiers = Begleitumstände aus der Arbeit
fehlen	Keine Befriedigung aus der Arbeit	Unzufriedenheit mit der Arbeit
vor-handen	Zufriedenheit mit der Arbeit	Keine Unzufriedenheit mit der Arbeit (Zustand der Neutralität)

Motivatoren und Hygienefaktoren müssen sich ergänzen

Motivatoren und Hygienefaktoren müssen sich stets ergänzen und in einem ausgewogenen Verhältnis zueinander stehen. Was hilft ein Zuwachs an qualifizierten Aufgaben, wenn wegen einer bevorstehenden Fusionierung der Arbeitsplatz nicht mehr gesichert ist? Und wie würde Ihnen eine öffentliche Ankennung Ihrer Leistungen durch Ihren Vorgesetzten zusagen, wenn Sie dadurch in eine ungewollte Isolierung gerieten?

Zusammenfassend stellen wir fest: Hygienefaktoren sind notwendige, aber keine ausreichenden Voraussetzungen für die Arbeitszufriedenheit. Erst Motivatoren führen in der Regel zu einer Verbesserung des Leistungsverhaltens. Findet der Mitarbeiter in seiner Tätigkeit keine Motivatoren vor, so neigt er dazu, seine Aufmerksamkeit auf die Hygienefaktoren zu lenken, in der Bereitschaft, hier Mängel aufzudecken und entsprechend unzufrieden zu reagieren.

Vorgesetzte, die sich motivierte Mitarbeiter wünschen, werden demnach ihr Augenmerk darauf richten, dass

- Mitarbeiter durch das Angebot von Motivatoren in ihrer Tätigkeit Befriedigung finden und
- Hygienefaktoren so gestaltet werden, dass sie Mitarbeitern keinen Anlass zur Unzufriedenheit geben.

Diese Zusammenhänge zeigte 1959 der amerikanische Psychologieprofessor Frederick Herzberg von der Western Reserve University nach umfangreichen Untersuchungen über die Grundeinstellung der Mitarbeiter zu ihrer Arbeit im Unternehmen – also etwa das, was wir häufig mit „Arbeitsmoral" umschreiben – in seiner Zweifaktoren-theorie bzw. Motivation-Maintenance-Theorie auf.

Herzbergs Zweifaktoren-theorie

Die Abbildung auf Seite 48 enthält eine Darstellung der Ergebnisse. Die Abbildung zeigt auf, dass eine eindeutige Trennung von Hygienefaktoren und Motivatoren nicht möglich ist. Vielmehr handelt es sich bei den einzelnen Faktoren stets um überwiegende Wirkungen in einer bestimmten Richtung. Durch zahlreiche Folgeunter-suchungen wurden die Forschungsergebnisse von Herzberg weitgehend bestätigt.

Faktoren, die am Arbeitsplatz ...

... zur Unzufriedenheit führen						... zur Zufriedenheit führen				
50	40	30	20	10	0	10	20	30	40	50

Leistung

Anerkennung

Arbeit selbst

Verantwortung

berufliches Fortkommen

Weiterentwicklung

Unternehmenspolitik

Kontrolle des Vorgesetzten

Beziehung zum Vorgesetzten

Arbeitsbedingungen

Gehalt

Beziehungen zu Kollegen

persönliche Verhältnisse

Beziehung zu Untergebenen

Status

Sicherheit

Der Vertiefung bisheriger Ausführungen über die Wirkung von Motivatoren und Hygienefaktoren soll die folgende Übung dienen.

48

Nehmen Sie bitte Stellung zu den einzelnen Standpunkten:			Übung
	Ja	Nein	
1. Die Verkürzung der Arbeitszeit ist ein zu empfehlendes Motivationsmittel.	☐	☐	
2. Bei engagierten Mitarbeitern führt eine Verbesserung der Arbeitsbedingungen zu einer wesentlich verbesserten Motivation.	☐	☐	
3. Die Möglichkeit der Selbstbestätigung durch die Arbeit ist eine wichtige Quelle der Motivation.	☐	☐	
4. Die meisten Mitarbeiter ziehen es vor, von ihren Vorgesetzten bei schwierigen Arbeiten unterstützt zu werden.	☐	☐	
5. Eine Aufgabe, die ein Mitarbeiter für interessant und sehr sinnvoll hält, trägt in der Regel zu einer größeren Arbeitszufriedenheit bei.	☐	☐	
6. Eine Vergrößerung des Entscheidungsspielraums der Mitarbeiter führt in den meisten Fällen zum Misserfolg.	☐	☐	
7. Werden Ursachen von Arbeitsunzufriedenheit beseitigt, kommt es zu größerer Arbeitszufriedenheit.	☐	☐	
8. Die wichtigste Aufgabe des Vorgesetzten ist darin zu sehen, Mitarbeiter zu mehr Leistung zu bewegen.	☐	☐	

9. Ausgedehnte Fehlzeiten können
Reaktionen auf einen schlechten
Führungsstil, mangelnde soziale
Kontakte oder eine unter-
fordernde Tätigkeit sein.

Ja   Nein

☐   ☐

10. Ein kooperativ führender Vorgesetzter wird seinen Mitarbeitern
Gelegenheiten zur Selbstbestätigung
verschaffen. Werden Leistungsergebnisse anerkannt, wird die
Motivation verstärkt.

☐   ☐

11. Oft wird Unzufriedenheit der Mit-
arbeiter durch zwischenmenschliche
Konflikte herbeigeführt. Durch
Konfliktbewältigung lässt sich
Unzufriedenheit abbauen.

☐   ☐

12. Der Vorsatz, in einem Betrieb Entscheidungen auf eine niedrigere Ebene
zu delegieren, stößt auf den Widerstand der meisten Mitarbeiter.

☐   ☐

13. Bei Mitarbeitern, die Routinearbeiten
wahrnehmen, kann die Arbeitszufriedenheit gesteigert werden,
wenn ihnen verdeutlicht wird,
weshalb ihre Arbeit für den Betrieb
von Bedeutung ist.

☐   ☐

14. Gute zwischenmenschliche Beziehungen erhöhen langfristig die Arbeitszufriedenheit und tragen wesentlich
zur Leistungsverbesserung bei.

☐   ☐

15. Zusätzliche nicht personen-   Ja   Nein
    bezogene Prämien fördern die
    Leistungsbereitschaft der Mitarbeiter. ☐   ☐

16. Zusätzliche herausfordernde
    Aufgaben haben einen wesentlichen
    Einfluss auf Arbeitszufriedenheit
    und -motivation. ☐   ☐

Vergleichen Sie mit den nachstehenden Erläuterungen:

Zu 1.: Nein – hier handelt es sich um einen die Leistung nicht steigernden Hygienefaktor. Der Mitarbeiter erhält lediglich mehr Zeit zur Bedürfnisbefriedigung in seiner Privatsphäre.

Zu 2.: Nein – verbesserte Arbeitsbedingungen stellen Hygienefaktoren dar. Sie unterdrücken bei unattraktiven Aufgaben nur den Wunsch, dem Arbeitsplatz möglichst schnell und oft zu entfliehen.

Zu 3.: Ja – die Möglichkeit, Selbstbestätigung zu erlangen, ist ein Motivator.

Zu 4.: Nein – Mitarbeiter wollen sich im Regelfall frei entfalten und Erfolge selbst erarbeiten, ohne dass ihnen hierbei der Vorgesetzte die Hand führt.

Zu 5.: Ja – dieser Motivator „beflügelt" den Mitarbeiter.

Zu 6.: Nein – der Mitarbeiter sieht sich herausgefordert und ist aus der Arbeit selbst motiviert. Wir erkennen einen Motivator, der schlummernde Kräfte wecken kann.

Zu 7.: Nein – auch wenn Ursachen von Arbeitsunzufrie-
denheit beseitigt sind, tritt noch keine Zufriedenheit ein. Ein Mitarbeiter, der nicht unzufrieden ist,
muss deshalb noch lange nicht zufrieden sein.

Zu 8.: Nein – hat sich ein Vorgesetzter nur diesen aufgabenorientierten Vorsatz auf seine Fahne geschrie-
ben, wird er Schiffbruch erleiden. Gleichgewichtig
zum aufgabenorientierten Aspekt wird ein kooperativ führender Vorgesetzter auch das Ziel der
größtmöglichen Zufriedenheit der Mitarbeiter im
Auge haben.

Zu 9.: Ja – fehlen Hygienefaktoren, werden Mitarbeiter
unzufrieden.

Zu 10.: Ja – Motivatoren verstärken die Anstrengungsbereitschaft des Mitarbeiters.

Zu 11.: Ja – Unzufriedenheit wird abgebaut, Nicht-Unzufriedenheit tritt ein.

Zu 12.: Nein – ein Mitarbeiter wird Eigenverantwortung
übernehmen, wenn er sich mit den vereinbarten
Zielen identifiziert.

Zu 13.: Ja – Mitarbeiter fühlen sich dann nicht mehr als
unbedeutende Rädchen, sondern als wichtige Tei-
le eines Unternehmens (das ist keine manipulative
Aussage, denn für unwichtige Mitarbeiter gibt kein
Unternehmen Jahr für Jahr unnötig Geld aus!).

Zu 14.: Nein – positive Beziehungen werden als normale
Voraussetzungen für die tägliche Arbeit angesehen.
Mit diesen Hygienefaktoren wird Unzufriedenheit

vermieden, aber noch keine langfristige Zufriedenheit bewirkt.

Zu 15.: Nein – Prämien sind bei allgemeiner Gewährung als Hygienefaktoren einzuordnen. Anders wäre die Beurteilung, wenn dem jeweiligen Mitarbeiter eine besondere Prämie aufgrund außerordentlich guter Arbeitsergebnisse gewährt wird. Diese wäre dann als Motivator einzustufen.

Zu 16.: Ja – dieser Motivator bewirkt einen Motivationsschub!

Nicht alle in der Bedürfnispyramide genannten Bedürfnisarten werden gegenwärtig gleichermaßen durch die Berufstätigkeit erfüllt. Der erreichte Sättigungsgrad bei den verschiedenen Bedürfniskategorien lässt sich wie folgt darstellen:

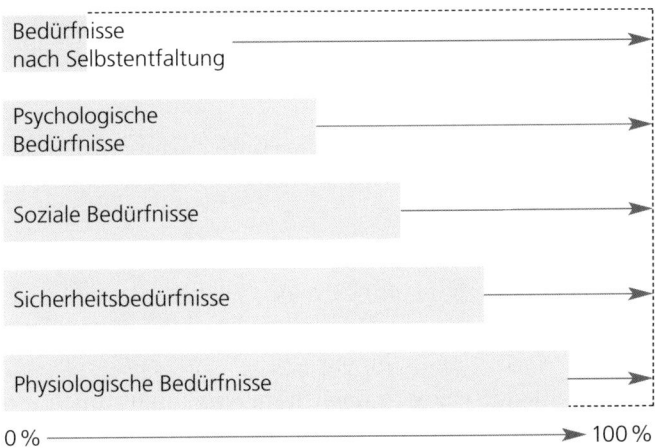

Auch hier erkennen wir, welche Bedeutung den nur in geringem Umfang befriedigten Bedürfnissen der Stufen 4 und 5 als Ansatzpunkte zur Motivation zukommt.

Geld und Motivation

Geld als Motivator? Viele Vorgesetzte vertreten mit Vehemenz die Auffassung, dass sich Mitarbeiter zu höheren Leistungen und damit verbesserter Produktivität vorwiegend über das Einkommen motivieren lassen. Sie sehen sich in ihrer Sichtweite bestärkt, wenn Mitarbeiter erklären: „Hauptsache, das Geld stimmt, dann mache ich alles." Auch ein Blick in *Goethes* „*Faust*" bringt diesen Vorgesetzten eine Bestätigung:

> **Nach Golde drängt, am Golde hängt doch alles!**

Demgegenüber kennen wir aus der *Bibel* die Erkenntnis:

> **Der Mensch lebt nicht vom Brot allein!**

Wie ist nun der Geldfaktor im Hinblick auf Motivation einzuordnen?

Grundsätzlich spielt Geld eine wichtige, aber keinesfalls alles entscheidende Hauptrolle im Instrumentarium zeitgemäßer Motivationstechnik.

Geld – häufig ein Kulissenmotiv Häufig ist der Wunsch nach höherem Einkommen ein „Kulissenmotiv": Andere Bedürfnisse sollen durch Geld kompensiert werden. Wir können beispielsweise unbefriedigte Bedürfnisse nach Anerkennung und Wertschätzung dadurch zu befriedigen versuchen, dass wir (eventuell uns für andere Menschen nicht erkennbar verschuldend) ein

54

statusförderndes Auto kaufen. Auch ist denkbar, dass für Urlaubsreisen in die weite Ferne viel Geld ausgegeben wird, um sich von anderen abzuheben und einen Imagegewinn zu erzielen.

Diese Beispiele lassen erkennen, dass Geld nicht nur einen materiellen Wert darstellt, sondern auch Geltung (man achte auf den gleichen Wortstamm!) ermöglicht. Das Geld ist nur ein Umweg, um das Ziel – Prestigegewinn – zu erreichen. Der Geldfaktor wird als Hygienefaktor erkannt, der keinen nachhaltigen Motivationsschub möglich macht und in diesem Sinn nur einen kurzfristig wirkenden Antrieb darstellt. Wird eine allgemeine Gehaltserhöhung gewährt, geht nach einer kurzen Gewöhnungsphase mit ihr keine längerfristige Zufriedenheit und Leistungssteigerung einher. Sie schafft bestenfalls Nicht-Unzufriedenheit, die rasch in Unzufriedenheit umschlägt, wenn die nächste turnusmäßige Gehaltserhöhung nicht wie erwartet eintritt.

Geld und Geltung

Wollten wir Mitarbeiter ausschließlich über finanzielle Anreize motivieren, würde dies ein Unternehmen langfristig in eine Sackgasse führen. In guten Zeiten könnten Mitarbeiter mittels Geldzulagen ruhig gestellt und bei der Stange gehalten werden. In Zeiten knapper Mittel hätte der Betrieb indes ein doppeltes Problem: Durch den finanziellen Engpass würde die Zahlung von Zuwendungen unterbleiben, was Unzufriedenheit und ein mögliches Abwandern von Mitarbeitern bewirken würde. Und damit würde sich die Krisensituation zuspitzen – neben finanziellen Schwierigkeiten käme es auch zu gravierenden Problemen im Mitarbeiterbereich.

Geld ist kein Allheilmittel

Vermuten Sie bei einer Gehaltsforderung ein Kulissenmotiv, sollten Sie Ihre Betrachtungen nicht nur allein auf den monetären Bereich beschränken. Der Anreiz „mehr Geld"

Kulissenmotiven auf den Grund gehen

schafft das defizitäre Bedürfnis nicht aus der Welt. Hiermit wäre nur das Symptom kuriert, nicht jedoch der eigentliche Krankheitsherd. Deshalb wären Sie gut beraten, das originäre Bedürfnis ausfindig zu machen und anschließend entsprechende Maßnahmen einzuleiten.

Freiwillige Geldleistungen wirken motivierend

Anders sieht es aus, wenn der Betrieb einem Mitarbeiter freiwillig eine Gehaltserhöhung als Ausdruck der besonderen Anerkennung und Zufriedenheit mit den erzielten Leistungsergebnissen gewährt. Diese freiwillige Anerkennung wäre ein zufriedenheitssteigernder Motivator, der mit dem Betrieb zufrieden macht. Demgegenüber macht eine vom Mitarbeiter geforderte oder erstrittene Gehaltserhöhung diesen nur mit sich selbst zufrieden.

Zusammenfassung

Zweifelsohne führt eine schlechte Bezahlung, die uns das Gefühl einer ungerechten Entlohnung oder einer im Verhältnis zu anderen Mitarbeitern erkennbaren Unterbezahlung vermittelt, regelmäßig zu nachhaltiger Unzufriedenheit. Wird ein akzeptables Einkommen gewährt, ist der Mitarbeiter nicht unzufrieden. Werden darüber hinaus Gehaltserhöhungen gewünscht, erkennen wir bei sorgfältiger Betrachtung häufig Kulissenmotive. Diesen können wir mit finanziellen Zuwendungen nicht beikommen, weil das Geld nicht zu einer dauerhaften Befriedigung eines nicht erfüllten anderen Bedürfnisses beiträgt. Zufriedenheit tritt erst ein, wenn über besondere Leistungsprämien oder individuelle, auf Arbeitserfolgen beruhende Gehaltserhöhungen die Ego-Needs (Stufe 4 der Bedürfnispyramide) positiv angesprochen werden.

Wie reagieren Mitarbeiter, wenn ihren Bedürfnissen durch die Berufstätigkeit nicht Rechnung getragen wird?

Jeder Mitarbeiter möchte immer wieder nicht befriedigte Bedürfnisse realisiert sehen. Da nur in seltenen Fällen Bedürfnisbefriedigung ohne eigenes Zutun eintritt, setzt der Mitarbeiter Energie ein und zeigt ein (in seinen Augen) der Bedürfnisbefriedigung dienendes Verhalten. Wird Bedürfnisbefriedigung erzielt, tritt Genugtuung ein.

Zielgerichtete Bedürfnisbefriedigung

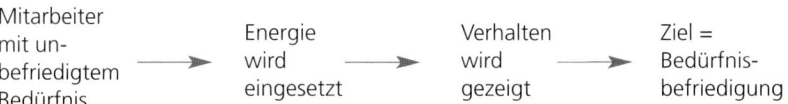

Mitarbeiter mit un-befriedigtem Bedürfnis ⟶ Energie wird eingesetzt ⟶ Verhalten wird gezeigt ⟶ Ziel = Bedürfnisbefriedigung

Was geschieht nun, wenn trotz der investierten Energie und des gezeigten Verhaltens der Mitarbeiter am Erreichen des Zieles durch eine Barriere gehindert wird?

FRUSTRATION

Frustration bei Verhinderung der Bedürfnisbefriedigung Die Bemühungen des Mitarbeiters um Bedürfnisbefriedigung erweisen sich als „vergeblich" (lat. = frustra). Den hieraus resultierenden Begriff **Frustration** können wir als **Behinderung eines Mitarbeiters** definieren, **ein Ziel zu erreichen oder ihm näher zu kommen.**

Abwehrmechanismen bei Frustration Eine erste Frustration wird bei durchschnittlich selbstsicheren Mitarbeitern eher zur Leistungsverstärkung nach dem Motto: „Jetzt erst recht!" führen. Wird jedoch die individuell unterschiedliche Frustrationstoleranz überschritten, setzen als Reaktionen spannungsmindernde und nichtrationale Verhaltensweisen beim Mitarbeiter ein, die als Abwehrmechanismen fungieren:

Direkte Aggression

Noch vorhandene Energien richten sich gegen den „Schuldigen", also gegen den, der die Frustration ausgelöst hat. So wird auf Vorhaltungen eines Kollegen über mangelnde Zusammenarbeit nicht sachorientiert reagiert, sondern mit verbalen Angriffen einschließlich Verbalinjurien, die sich sogar bis zu Handgreiflichkeiten steigern können.

Indirekte, verschobene Aggression

Die Frustration wird an Unbeteiligten („Sündenbock") abreagiert. Hierzu ein etwas überspitztes Beispiel: Ein Vorgesetzter kritisiert seinen Mitarbeiter in massiver Form, der Mitarbeiter „meckert" zu Hause wegen einer belanglosen Kleinigkeit seine Frau an, die Mutter schimpft mit dem Sohn, weil dieser wieder vor dem Fernseher sitzt (was er normalerweise zu dieser Zeit auch tun darf), darauf verprügelt dieser seine kleine Schwester ohne einen für sie plausiblen Grund, das kleine Mädchen tritt nun dem bellenden Hund auf den Schwanz. Fazit: Der arme Hund erhält nur deshalb einen Tritt, weil das Familienoberhaupt in der Firma Ärger hatte!

Die indirekte oder verschobene Aggression kann aber auch durch muskuläre Tätigkeit (z. B. Holzhacken, Teppichklopfen) abgebaut werden (hier werden die Energien also produktiv genutzt!).

Organisierte Aggression
Aggressive Verhaltensweisen richten sich geplant oder informell zum Beispiel gegen einzuführende Neuerungen oder gegen einen von einem Teil der Mitarbeiter abgelehnten Vorgesetzten.

Kompensation
Im Betrieb versagte Selbstbestätigung/Erfolgserlebnisse werden an einem anderen Ort gesucht. Statt des eigentlichen Zieles versucht der Frustrierte ein unwichtigeres Ersatzziel zu verwirklichen (überforderte Vorgesetzte versuchen der Frustration durch mehr oder weniger routinemäßige Arbeiten zu entgehen).

Restriktion
Der Mitarbeiter zeigt eine früheren Entwicklungsphasen entsprechende Verhaltensweise (bricht z. B. bei einer Kritik durch den Vorgesetzten in Tränen aus) oder begibt sich in eine emotionale Isolierung (zieht sich in den ihm als Schutz dienenden „Schmollwinkel" zurück).

Konversion

Manche Mitarbeiter, die häufiger Misserfolge verbuchen, reagieren mit „chronischen Kampfreaktionen": Sie wirken pessimistisch, launisch, leidend, nörgelnd. Verbietet die Situation dem Mitarbeiter, aggressiv gegen andere zu werden, dann kann er immer noch gegen sich selbst Aggressionen entwickeln. Die Symptome dieser „Flucht in die Krankheit" können z. B. Magendrücken, Magengeschwüre, Verdauungsprobleme, Übelkeit (beim Magen- und Darmtyp), Herzbeschwerden, Schweißausbrüche, Schwindelgefühle und Kreislaufprobleme (beim Herz- und Kreislauftyp) sein und fallen unter die Sammelbezeichnung „Stresskrankheiten".

Rationalisierung

Der Mitarbeiter führt Scheinargumente ins Feld, um den eigenen Misserfolg zu entschuldigen und als unbedeutend sich selbst und anderen gegenüber darzustellen.

Frustrations-auslöser erkennen

Ein aufmerksamer und mit sozialer Sensibilität ausgestatteter Vorgesetzter wird bemerken, wenn ein Mitarbeiter Verhaltensweisen zeigt, die Abwehrmechanismen darstellen. Da das Leistungsverhalten und das Arbeitsklima durch Frustrationen Schaden erleiden, wird sich der Vorgesetzte bemühen, das Frustrationsmotiv zu erkennen. Besteht zwischen dem Vorgesetzten und dem Mitarbeiter eine vertrauensvolle Basis, wird die Ursache der Frustration im Rahmen eines Mitarbeitergesprächs ermittelt. Treten beeinflussbare Faktoren zutage, sorgt der Vorgesetzte – soweit dies in seinen Kräften steht – für eine Verbesserung der Situation.

Lassen Sie uns die vorstehenden Erörterungen mit einer Übung vertiefen:

Ein Mitarbeiter bat vor einigen Augenblicken seinen Vorgesetzten um eine Gehaltserhöhung. Dieser Wunsch wurde ihm unter Hinweis auf die gegenwärtig ungünstige Geschäftslage abgelehnt. Der Mitarbeiter kann nun verschiedenartig reagieren.

Übung

Ordnen Sie bitte die folgenden Reaktionen den beschriebenen Abwehrmechanismen zu:

Reaktion a):

Der Mitarbeiter verabschiedet sich und lässt sich sogleich von dem tröstenden Gedanken leiten: „Das ist ja nicht tragisch. So lernt meine Frau endlich einmal richtiges Haushalten. Bei genauer Betrachtung bin ich darüber recht froh, denn bisher hat sie immer wieder mal durch unwirtschaftliches Handeln Geld aus dem Fenster geworfen."

_____

Reaktion b):

Der Mitarbeiter verabschiedet sich, geht in sein Büro und beginnt dort, wüste Beschimpfungen und Verwünschungen gegen seinen Vorgesetzten auszustoßen und das Telefonbuch zu zerreißen.

_____

Reaktion c):

Die Ablehnung der Gehaltserhöhung veranlasst den Mitarbeiter zu dem Entschluss, in der Firma „etwas kürzer zu treten" und sich dafür mehr der Vereinsarbeit zuzuwenden.

Reaktion d):

Der Mitarbeiter ist über die Ablehnung sehr erbost und erklärt dem Vorgesetzten sogleich: „Von Ihnen habe ich keine vernünftige Antwort erwartet. Sie können Ihre Angestellten nur ausbeuten und ihnen die gerechte Bezahlung verweigern. Sie wären besser Sklaventreiber geworden statt Inhaber dieser miesen Firma!"

Reaktion e):

Der Mitarbeiter verabschiedet sich mit einem unangenehmen Gefühl in der Magengegend und denkt: „Versucht habe ich es wenigstens, es hat halt nicht geklappt." Er frisst das Ergebnis – wie schon viele andere Negativerlebnisse in verschiedenen früheren Situationen – in sich hinein, „leidet schweigend" und wird von Stund an noch mürrischer.

Reaktion f):

Der Mitarbeiter verabschiedet sich und nimmt sich vor, den Vorgesetzten durch Nichtbeachtung zu „bestrafen" („Der Mann ist ab sofort für mich gestorben!"), indem er den Kontakt auf das unbedingt Notwendige beschränkt.

Reaktion g):

Der Mitarbeiter verabschiedet sich und beginnt sogleich im Betrieb nach anderen unzufriedenen Kollegen zu fahnden, um mit diesen gemeinsam dem Vorgesetzten „Steine in den Weg zu rollen".

Bitte vergleichen Sie Ihre Lösungen mit unseren nachstehenden Überlegungen:

Zu Reaktion a):
Dass die Frage der Gehaltserhöhung für den Mitarbeiter wichtig war, ist daran zu erkennen, dass er den Mut für das Gespräch mit dem Vorgesetzten aufbrachte und mit seiner Bitte um Gehaltserhöhung ein zielgerichtetes Verhalten zeigte. Und jetzt soll das alles unwichtig sein? Der Mitarbeiter „versüßt" seinen „sauren" Misserfolg durch Scheinargumente. Er „lügt sich in die Tasche".

= **Rationalisierung**

Zu Reaktion b):
Der Mitarbeiter zeigt ein aggressives Verhalten. Er „verkneift" es sich, den Vorgesetzten direkt anzugreifen, und verschiebt seine verbalen Aggressionen auf einen Zeitpunkt, wo er sie ohne negative Folgen für sich „im stillen Kämmerchen" abreagieren kann. Begleitet wird seine Schimpfkanonade mit muskulärer Tätigkeit.

= **indirekte/verschobene Aggression**

Zu Reaktion c):
Ein Misserfolg soll durch Erfolgserlebnisse in anderen Bereichen ausgeglichen werden. Die für das eigene Ich so wichtigen positiven Rückmeldungen sollen durch die Ver-

einsarbeit bewirkt werden, auch wenn mit diesem zusätzlichen Arbeitsaufwand in der Freizeit keine materiellen Vorteile verbunden sind.

= **Kompensation**

Zu Reaktion d):
Auch wenn nicht gleich die Fäuste fliegen, so erkennen wir doch einen schwerwiegenden Angriff des Mitarbeiters. Dieses Kampfmanöver führt möglicherweise zur Eskalation, zu einer Verhärtung der Gesprächssituation und zum Abbruch des weiteren Kontaktes zum Mitarbeiter.

= **direkte Aggression**

Zu Reaktion e):
Bei dieser Schilderung können wir uns fast bildhaft vorstellen, wie Gift in den Organismus des Mitarbeiters geträufelt wird, das die Lebensqualität vermindert. Stresshormone werden nur sehr langsam vom Körper abgebaut, wenn sie nicht bald abreagiert werden. Diese Hormone können auf den Körper wie Gift wirken.

= **Konversion**

Zu Reaktion f):
Hier wird mit einer vorpubertären Verhaltensweise („wer mir wehtut, mit dem will ich nichts mehr zu tun haben") Abwehr praktiziert.

= **Restriktion**

Zu Reaktion g):
Der Mitarbeiter konzentriert sich auf personenorientierte Aktivitäten, die der Aufgabenerledigung abträglich sind. Er organisiert ein „Stuhlsägen", wobei er andere in aggressiver Absicht um sich schart.

= **organisierte Aggression**

Umsetzung in die Führungspraxis

Kommt ein Mitarbeiter nach Auffassung des Vorgesetzten seinen beruflichen Verpflichtungen nicht oder nur in unzureichendem Maße nach, fallen häufig undifferenzierte Bemerkungen wie „Er bringt es nicht" oder „Er schafft es nicht". Würde dieser Vorgesetzte in Ruhe prüfen, welche Gründe für die unbefriedigenden Leistungen ausschlaggebend sind, könnten hierauf aufbauende Therapien zu Verhaltensänderungen bzw. Leistungsverbesserungen führen. Gut beraten wäre ein Vorgesetzter, sich bei seiner Diagnose sensibel mit folgenden Fragen zu beschäftigen:

Zunächst Diagnose bei unbefriedigenden Leistungen

1. Hat der Mitarbeiter ein Weiß-nicht-Problem?

2. Hat der Mitarbeiter ein Kann-nicht-Problem?

3. Hat der Mitarbeiter ein Will-nicht-Problem?

4. Hat der Mitarbeiter ein Darf-nicht-Problem?

5. Hat der Mitarbeiter ein kombiniertes Problem?

Bei einem Weiß-nicht-Problem kann das fehlende Fachwissen durch Schulung ausgeglichen werden. Mangelnde Erfahrung und Übung bewirken ein Kann-nicht-Problem, das sich vorrangig durch Training beheben lässt. Das Will-nicht-Problem weist auf fehlende Motivation hin, sodass sich der Vorgesetzte bemühen wird, die Empfehlungen die-

Anschließende Therapieansätze

ses Ratgebers in die Praxis umzusetzen. Konstatieren wir ein Darf-nicht-Problem, sind einschränkende Leistungsmöglichkeiten (z. B. Zuständigkeitsregelungen, einengender Führungsstil, Marktchancen, organisatorische Unzulänglichkeiten) zu verändern oder zu beseitigen. Es liegt auf der Hand, kombinierten Problemen durch kombinierte Therapien zu begegnen.

3 Faktoren sind leistungsbestimmend Die Leistung eines Mitarbeiters ist abhängig von drei Faktoren, die nicht isoliert voneinander zu betrachten sind:

Wollen	= Leistungsbereitschaft
+	
Können	= Leistungsfähigkeit
(Fähigkeiten und Fertigkeiten)	
+	
Dürfen	= Leistungsmöglichkeit
(Leistung muss gefragt, erlaubt und erwünscht sein)	

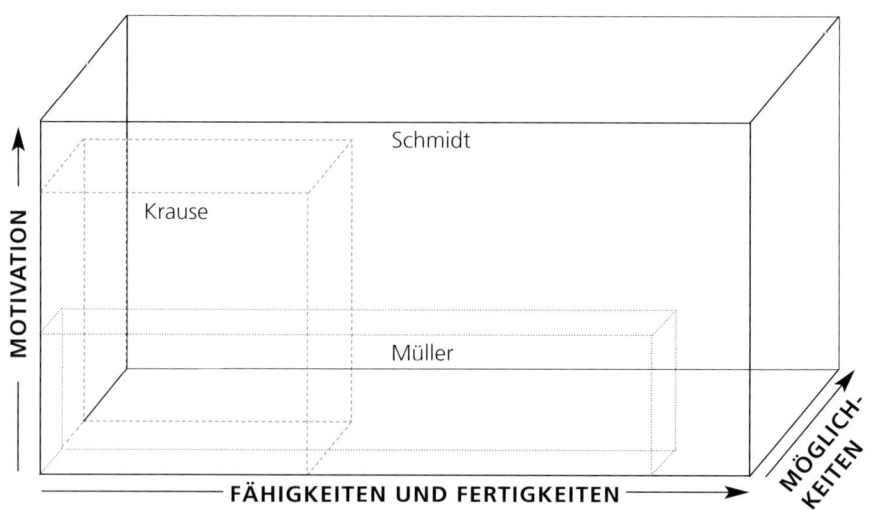

Wir erkennen bei Mitarbeiter Müller eine geringe Motivation, obwohl er über ein umfangreiches fachliches Potenzial verfügt. Hier wäre bei größerer Motivation ein Leistungsschub denkbar.

Mitarbeiter Krause will ansprechende Arbeitsergebnisse erzielen, wird jedoch durch geringe Fähigkeiten und Fertigkeiten in seinem Tatendrang gehindert. Nach erfolgreicher Schulung und/oder weiterem Training wird dieser Mitarbeiter vermutlich „über sich hinauswachsen.

Nach der Erweiterung von Leistungsbereitschaft und -fähigkeit sollten bei den Mitarbeitern Müller und Krause die organisatorischen Rahmenbedingungen angepasst werden, damit das umfangreiche Leistungsspektrum auch vor Ort abgerufen werden kann.

Gewiss ist Mitarbeiter Schmidt für die meisten Vorgesetzten der „Wunsch"-Mitarbeiter, der bei hoher Motivation und umfangreichen Fertigkeiten und Fähigkeiten ohne einschnürende Leistungsmöglichkeiten Garant für die angestrebten Erfolge sein dürfte.

Als Führungskräfte befänden wir uns in einer idealen Situation, wenn alle unsere Mitarbeiter über einen gleich hohen Reifegrad wie Mitarbeiter Schmidt verfügen würden. Unter dem Reifegrad ist der Willen und die Fähigkeit zu verstehen,

Der Reifegrad ist entscheidend

- sich hohe, aber erreichbare Ziele zu setzen,
- selbstständig Probleme zu lösen,
- Verantwortung für die Steuerung des eigenen Verhaltens zu übernehmen und
- die betrieblichen Aufgaben bestmöglich zu erledigen.

Mit derart qualifizierten Mitarbeitern würden wir betriebliche Ziele optimal erreichen und in vorbildlichem Umfang zum Betriebserfolg beitragen.

Reifegrad kontinuierlich anheben Die betriebliche Praxis zeigt, dass diese „reifen" Mitarbeiter eher spärlich anzutreffen sind. Für uns sollte dies kein Grund sein, resignierend die Flinte ins Korn zu werfen, sondern eher eine Herausforderung bedeuten, Mitarbeiter mit niedriger, geringer oder mittelmäßiger Reife peu à peu so „aufzubauen", bis sie das erwünschte hohe Reifeniveau erreicht haben und zu hoch motivierten und tüchtigen Mitarbeitern geworden sind. Indem wir Mitarbeiter fordern, fördern und herausfordern, tragen wir zu ihrer Persönlichkeitsentwicklung bei, sodass sie schließlich bereit und in der Lage sind, selbstständig zu arbeiten.

Im Folgenden werden die wesentlichen Motivatoren dargestellt, mit denen sich für unsere Mitarbeiter die Zufriedenheit mit ihrer Arbeit steigern und gleichzeitig eine Anhebung des Reifegrades erreichen lässt.

Motivator 1: Gezielte Auswahl und Integration „passender" Mitarbeiter

Bereits Ihre Einstellungsentscheidung kann für die Motivation und damit für den Erfolg oder Misserfolg Ihres Mitarbeiters entscheidend sein! Deshalb räumen Sie Ihrer Personalauswahl einen hohen Stellenwert ein. Der Mitarbeiter ist die wertvollste Ressource und der wichtigste Produktionsfaktor des Unternehmens. Auf den Mitarbeiter kommt es entscheidend an. Ohne „wollende" (= gut motivierte), „könnende" (= fachlich qualifizierte) und „dürfende" (= Leistungsmöglichkeiten sind gegeben und schränken nicht ein) Mitarbeiter „raucht der Schornstein" nicht!

Mitarbeiter = wertvollste Ressource des Betriebes

Treffen Sie bei der Einstellung neuer Mitarbeiter ins Schwarze, wird der Neuling Ihrem Unternehmen in dem gewünschten Ausmaß seine Arbeitskraft zur Verfügung stellen. Bei einer fehlerhaften Einstellungsentscheidung werden Sie möglicherweise einen wenig leistungsbereiten, enttäuschten und missmutigen Mitarbeiter erhalten, der – kaum dass er eingetroffen ist – bereits die innere Kündigung (er hat sich entschlossen, nicht zu kündigen, sondern als Vierzigjähriger dem Rentenalter entgegenzufiebern!) ausgesprochen hat.

Mitarbeiter muss „passen"! Oberstes Ziel Ihrer Personalplanung ist es, „den passenden Mann an den richtigen Platz" zu bringen. Es sollte Ihnen nicht darauf ankommen, den höchst qualifizierten Bewerber für Ihren Betrieb zu gewinnen, sondern denjenigen, der unter Berücksichtigung aller Anforderungskriterien am besten auf den zu besetzenden Arbeitsplatz passt.

Ohne Anforderungsprofil keine Einstellung Grundlage Ihres Vorgehens muss stets das Anforderungsprofil (= Wunsch-Soll des Arbeitgebers) für den zu besetzenden Arbeitsplatz sein. Das Anforderungsprofil sollte Aussagen zu den beruflichen Fertigkeiten, Kenntnissen und Erfahrungen, zu Anforderungen an die körperliche Konstitution, zu den geistigen Anforderungen und zu Anforderungen an die Persönlichkeitsmerkmale enthalten.

Zusätzliche Einstellungsaspekte Sie sind gut beraten, im Vorstellungsgespräch auch den folgenden Fragen auf den Grund zu gehen:

- Passt er in die Arbeitsgruppe, in den allgemeinen Rahmen des Unternehmens und ist er zu Teamarbeit bereit und fähig?
- Wird er sich schnell integrieren?
- Wie ist er motiviert?
- Passt die „persönliche Chemie"?
- Wird der Bewerber gewissenhaft, zielstrebig und leistungsbereit agieren?
- Können wir den erkennbaren Erwartungen des Bewerbers im Falle einer Einstellung auch gerecht werden?

Betrachten Sie die Besetzung eines Arbeitsplatzes als Investition in die Zukunft. Lassen Sie hierbei die erforderliche Sorgfalt und Gewissenhaftigkeit walten, stehen die Chancen gut, den Neuling während seiner Zugehörigkeit zu Ihrem Wirkungsbereich zum Erfolg zu führen.

70

Eine sorgfältige Bewerberauswahl allein genügt nicht, um einen freien Arbeitsplatz mit einem Mitarbeiter zu besetzen, der dem Betrieb langfristig und engagiert sein Potenzial zur Verfügung stellt. Häufig ist die Einführung des neuen Mitarbeiters entscheidend für seine spätere Einstellung zu seiner Arbeit, seinen Mitarbeitern, seinen Kollegen, zu seinem Vorgesetzten und seinem Arbeitgeber sowie für seine Einsatz- und Leistungsbereitschaft – kurzum: für seine erfolgreiche Mitarbeit!

Einführung des Neulings entscheidend

Nachfolgende Empfehlungen beziehen sich zunächst auf die Einführung betriebsfremder Mitarbeiter. Sie lassen sich aber auch sinngemäß auf die vielen Betriebsangehörigen anwenden, die innerhalb des Unternehmens wechseln.

In Ihrer Hand liegt es, die ersten Eindrücke im neuen Wirkungsbereich zu gestalten. Der neue Mitarbeiter ist in der Regel gut motiviert und zeigt viel Aufnahmebereitschaft und Eifer. Schließlich will er sich in der neuen Umgebung schnell orientieren und durch gute Arbeit bei seinem Vorgesetzten sowie den neuen Kollegen und Mitarbeitern Anerkennung finden. Gewinnt der Neueingetretene allerdings bereits bei seinem Start den Eindruck, dass er eingestellt, vernachlässigt und nun „abgelegt" wurde, verliert er das Vertrauen in seinen neuen Arbeitgeber. Damit ist bei qualifizierten Mitarbeitern der nächste Stellenwechsel bereits vorprogrammiert. Läuft die Einführung indes wunschgemäß, steht der Neue bald als vollwertiges und gut motiviertes Mitglied der betrieblichen Leistungsgemeinschaft zur Verfügung, das den erforderlichen Überblick und auch die notwendigen Kontakte zu anderen Abteilungen und Bereichen hat.

Anfangsmotivation nutzen

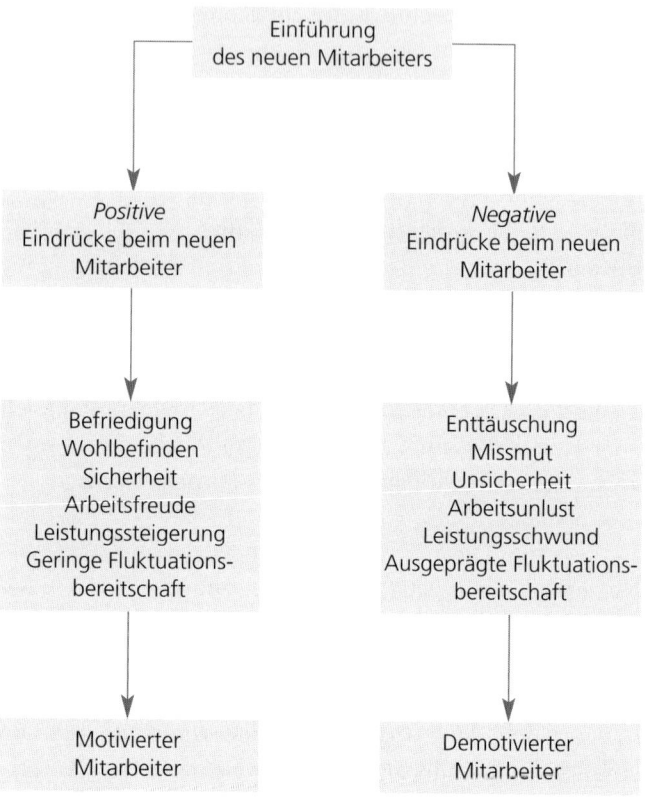

Systematisches Einführungsprogramm Sie stärken die Bindung des Neulings an den Betrieb durch eine systematische Einführung, indem Sie rechtzeitig – nicht in der Hektik am Morgen des Arbeitsantritts – ein exaktes, auf den jeweiligen Mitarbeiter individuell zugeschnittenes Einführungsprogramm – eventuell gemeinsam mit einem kompetenten Vertreter der Personalabteilung – ausarbeiten. Damit stellen Sie sicher, dass bei der Einführung keine kostbare Zeit verstreicht.

Dieses gut durchdachte Einführungsprogramm

Weshalb ein Einführungsprogramm?

- strafft die Einführungszeit, sodass Sie schneller mit einem voll einsatzfähigen Mitarbeiter rechnen können,
- fördert das Interesse des Neulings an dem ihm zugedachten Aufgabenbereich,
- steigert die Arbeitszufriedenheit und hebt die Arbeitsmoral,
- ermöglicht eine fruchtbare Zusammenarbeit der Beteiligten,
- vermittelt dem neuen Mitarbeiter alle Informationen, die dieser benötigt, um in der neuen Umgebung schnell heimisch und produktiv tätig zu werden,
- vermeidet Frühfluktuation und schafft Bindung an das Unternehmen und das Arbeitsumfeld.

Nutzen Sie das Muster eines Einführungsprogramms auf den Seiten 74 bis 76, werden Sie bei der Einführung eines neuen Mitarbeiters nichts Wesentliches vergessen und im Endeffekt auch Zeit sparen. Vorweg empfehlen wir Ihnen, die Checkliste zunächst zu überprüfen, um dann die für die jeweilige Einführung nicht zu beachtenden Punkte zu streichen und weitere Ihnen wichtig erscheinende Aspekte hinzuzufügen.

Möglicherweise stellt unser Einführungsprogramm für manchen Leser eine umständliche und Kosten verursachende Prozedur dar. Wir meinen aber, dass sich dieser scheinbar „übertriebene Aufwand" in jedem Fall lohnt. Denn er ist der erste und wichtigste Schritt zur schnellen und erfolgreichen Integration und zur Steigerung der Motivation des Neulings. Durch die gute Betreuung zu Beginn der neuen Tätigkeit verstärkt sich bei ihm auch der Eindruck, den richtigen Arbeitgeber gefunden zu haben.

Einführungsprogramm für _____

Stelle _____

Arbeitsbeginn _____

Ende der Probezeit _____

	Wahrzu-nehmen von	Erledigt am
I. Vorbereiten auf den neuen Mitarbeiter 1. Bewerbungsunterlagen und Informationen aus dem Vorstellungsgespräch auswerten		
2. Stellenbeschreibung oder entsprechende Unterlagen bereitlegen		
3. Prüfen, ob neben der Einführung auch eine Unterweisung vorzusehen ist		
4. Arbeitsplatz vorbereiten		
5. Paten auswählen und einweisen		
6. Arbeitsgruppe auf den neuen Mitarbeiter vorbereiten		
7. Einschalten weiterer Personen, die für die Einführung bedeutsam sind		
8. Informationsmaterial übersenden		

	Wahrzu-nehmen von	Erledigt am
II. Begrüßen des neuen Mitarbeiters 1. Neuen Mitarbeiter in Empfang nehmen		
2. Begrüßungsgespräch führen		
3. Schriftliches Informationsmaterial aushändigen		
4. Paten vorstellen		
5. Rundgang durch den Betrieb/ die Abteilung		
6. Über Arbeitsgruppe informieren		
7. Arbeitsplatz übergeben		
III. Allgemeine Informationen geben … 1. über Arbeitsentlohnung		
2. über Sicherheitsvorschriften		
3. über soziale Einrichtungen/Leistungen		
4. über interne Regelungen		
5. über betriebliche Räumlichkeiten		
6. über die Verhältnisse am Ort des Betriebes		

	Wahrzu-nehmen von	Erledigt am
IV. Einweisen in die Arbeitsaufgaben 1. Aufgaben, Kompetenzen und Verantwortung durchsprechen		
2. Zur Aufgabenerledigung erforderliche Hilfsmittel vorstellen		
3. Mögliche Fehlerquellen und Anfangsschwierigkeiten aufzeigen		
4. Bedeutung des Arbeitsplatzes für den Betrieb/die Abteilung herausstellen		
5. Mitarbeiter in die Organisationsstruktur des Betriebes und der Abteilung einführen		
6. Unternehmensphilosophie sowie betriebliche Ziele verdeutlichen		
7. Entwicklungsmöglichkeiten im Unternehmen aufzeigen		
8. Betriebliches Vorschlagswesen erläutern		
V. Unterweisen am Arbeitsplatz 1. Unterweisungsplan aufstellen		
2. Unterweisung durchführen		
VI. Fortschrittskontrolle am am		

Da für die Motivation Ihres neuen Mitarbeiters die Punkte II.2, IV.4, IV.7 und VI. von herausgehobener Bedeutung sind, werden sie hier mit zusätzlichen Hinweisen vertieft:

Zu II.2: Begrüßungsgespräch führen

Das Führen von Begrüßungs- oder Kennenlerngesprächen ist Sache des Vorgesetzten. In diesem Gespräch soll durch einen persönlichen Kontakt eine positive Atmosphäre an den Beginn einer längeren Zusammenarbeit gestellt werden. Lassen Sie sich hierbei nicht von der vielfach üblichen Hektik treiben, sondern signalisieren Sie durch Ihr ruhiges und gelassenes Auftreten dem neuen Mitarbeiter, dass Sie seinen Arbeitsantritt für wichtig halten und bereit sind, Fragen zu beantworten und Informationen zu geben. Gut wäre es, der Neuling würde hierbei das Gefühl bekommen, dass Sie ihn nicht nur als Arbeitskraft akzeptieren, sondern auch als Person.

Begrüßungsgespräche sind Chefsache

Signalisieren Sie dem Neuling auch, dass Sie Vertrauen in ihn setzen und guten Mutes sind, dass er sich den auf ihn zukommenden Forderungen gewachsen zeigen wird.

Vertrauen entgegenbringen

Bereits im Begrüßungsgespräch sollten Sie Ihren neuen Mitarbeiter überblicksweise auf die Punkte aufmerksam machen, die ihm in seinem neuen Tätigkeitsbereich die weitgehende Befriedigung seiner Bedürfnisse versprechen. Im Vorfeld des Gesprächs sollten Sie bereits vorstellbare und konkrete Bedürfnisbefriedigungsmöglichkeiten in einen Katalog aufnehmen. Dieser könnte bei der Stelle „Assistent des Leiters des Rechnungswesens" nachstehendem Muster ähneln.

Möglichkeiten der Bedürfnisbefriedigung ansprechen

Stufe der Bedürfnis- Pyramide	Ansatzpunkte
1	Gehaltsentwicklung im Unternehmen, Gewinnbeteiligung, Stock-Option-Programm, sechs Wochen Urlaub, Betrieb ist bei der Wohnungssuche behilflich, Mittagsverpflegung im Kasino.
2	Betriebsrente, zusätzliche Versicherungsleistungen des Unternehmens, verstärkter Kündigungsschutz, bei Fortfall von Arbeitsplätzen sozialverträgliche Regelungen, Sonderleistungen des Unternehmens bei außergewöhnlichen Belastungen.
3	Angenehmes Betriebsklima, Mobbing-Aktivitäten werden im Keime erstickt, Tätigkeit in einem Unternehmen mit gutem Namen, Zugehörigkeit zum Kreis der High Potentials, Teilnahme an Ressortleiterbesprechungen, regelmäßige Betriebsveranstaltungen, Aufnahme in Betriebssportgruppen.
4	Beförderungen ausschließlich nach Leistung, leistungsgerechtes Vergütungssystem, Mitbestimmung bei der Auswahl eigener Mitarbeiter, Einbeziehen bei wichtigen Entscheidungen, Vertretung des unmittelbaren Vorgesetzten, Gefühl, dass die eigene Leistung von anderen anerkannt wird, Möglichkeit der individuellen Weiterbildung, Berufung als Fachmann in Gremien, Auskunftsrecht bei Mitarbeitern

der Abteilung, jederzeitiges Vorsprache-
recht beim Vorgesetzten, der Position angemessen eingerichtetes Zimmer neben
dem Vorgesetzten.

5 Große Selbstständigkeit, Aussicht, Stellver-
treter des Abteilungsleiters zu werden,
längerfristige Aufstiegsmöglichkeiten zur
Gesamtgeschäftsführung, Möglichkeit, eigene Ideen nach eigenen Vorstellungen
verwirklichen zu können.

Zu IV.4: Bedeutung des Arbeitsplatzes
für den Betrieb/die Abteilung
herausstellen

Achten Sie darauf, dem neuen Mitarbeiter nicht nur **Wichtigkeit**
den rein technischen Ablauf seiner Arbeit zu erläutern. **des Arbeitsplatzes**
Machen Sie ihm auch klar, weshalb sein Arbeitsplatz für **darstellen**
den Betrieb/die Abteilung besonders wichtig ist. Mit dem
Herausstellen der Bedeutung der Arbeit Ihres Mitarbeiters
(und jeder Arbeitsplatz ist wichtig, denn andernfalls würde das Unternehmen sich die Kosten für diese Stelle erspa-
ren) vermitteln Sie ihm das motivierende Gefühl, einen
wertvollen Beitrag zur betrieblichen Aufgabenerledigung
zu leisten.

Zu IV.7: Entwicklungsmöglichkeiten
im Unternehmen aufzeigen

Sieht ein Mitarbeiter bei seinem Arbeitgeber langfristig **Längerfristige**
keine Aufstiegsmöglichkeiten oder interessante Herausfor- **Perspektiven**
derungen mit den hiermit in Zusammenhang stehenden **darstellen**
Verdienstchancen, werden ihn die fehlenden Perspektiven
kaum zu verstärkten Anstrengungen veranlassen. Vielmehr
wird er bei einem günstigen Angebot mit wehenden

79

Fahnen den Arbeitsplatz wechseln, um nicht als „totes Gleis" auf das noch ferne Ende seiner Berufstätigkeit zu warten.

Werden dem Mitarbeiter hingegen Möglichkeiten einer beruflichen Fortentwicklung im Betrieb deutlich, wirkt sich dies positiv auf sein Leistungsverhalten aus. Er erkennt, dass sich Leistung auszahlen wird.

Zu VI.: Fortschrittskontrolle

Mit weiteren Orientierungshilfen begleiten

Wir empfehlen Ihnen, den neuen Mitarbeiter am Ende seines ersten Arbeitstages in Ihrer Abteilung auf seine Eindrücke und anfänglichen Erfahrungen anzusprechen. Vielleicht sind von Ihnen im Voraus nicht erkannte Probleme aufgetreten, die nun erörtert und gelöst werden sollten? Vermutlich wird sich der Neue auch über das ihm entgegengebrachte Interesse freuen und sich dadurch vielleicht schon etwas sicherer und wohler fühlen. Er wird den Heimweg in der Erkenntnis antreten, dass dem neuen Vorgesetzten sein Wohlergehen am Herzen liegt und man sich im neuen Betrieb um ihn kümmert.

Auch in der folgenden Zeit ergänzen Sie in weiteren Gesprachen die Einführung durch zusätzliche Orientierungshilfen. Dass Sie mit dem Neuen vorurteilsfrei über alle Probleme diskutieren, die sich beim Einarbeiten naturgemäß ergeben, zeichnet Sie als kooperativ führenden Vorgesetzten aus. Sie bemühen sich um den neuen Mitarbeiter und verfolgen aufmerksam, wie er seiner Arbeit nachkommt und wie er von der Arbeitsgruppe aufgenommen wird.

Motivator 2: Mitarbeitern Mitwirkungsmöglich-keiten eröffnen und sie in Entscheidungs-prozesse einbeziehen

Die Bevölkerung Deutschlands verfügt über ein bisher noch nie erreichtes Bildungsniveau: Nur noch ein Drittel eines Geburtsjahrganges verlässt die Schule mit/ohne Hauptschulabschluss, ein weiteres Drittel bilden Schulabsolventen mit mittlerem Bildungsabschluss und das restliche Drittel setzt sich aus Abiturienten und Schülern mit Fachhochschulreife zusammen. Gleichzeitig wird unser Nachwuchs zu Bürgern mit umfangreichen Freiheitsrechten erzogen.

Erhöhtes Bildungsniveau

Bereits vor mehr als 2000 Jahren erkannte der römische Dichter *Horaz: „Man muss nicht alles wissen" (Nec scire fas est omnia).* Diese Aussage ist nach wie vor aktuell. Eine zunehmende Arbeitsteilung und ein ständig wachsendes Wissen bringen es mit sich, dass „immer mehr Mitarbeiter über immer weniger immer mehr wissen". Hieraus folgt, dass Mitarbeiter immer häufiger als Spezialisten dem Vorgesetzten (= Generalist, Universalist) in ihrem Teilbereich an Sachwissen überlegen sind.

Spezialisten gefragt

Mitarbeiter wollen am Willensbildungsprozess beteiligt sein

Zwingende Folge der ständigen Erhöhung des Bildungsniveaus und der damit verbundenen Anhebung der Selbstachtung des Einzelnen (= von der menschlich-persönlichen Seite her) sowie der steigenden Spezialisierung (= von der Sache her) ist, dass sich der Mitarbeiter nicht mehr als lediglich ausführendes Organ betrachtet, welches auf Befehl und Anweisung nur zu funktionieren hat. Er will nicht als unmündiges Kind von seinem Vorgesetzten unter Vormundschaft gestellt werden, er möchte im Betrieb nicht in die Haut des bedingungslos Gehorchenden schlüpfen.

Mitarbeiter-Know-how nutzen

Mitarbeiter möchten berechtigterweise am Willensbildungsprozess (= Planungs- und Entscheidungsprozess) im Unternehmen – zumindest was ihre direkte Arbeit anbelangt – aktiv mitwirken. Schließlich verfügen sie über ein beträchtliches Know-how, welches sie bei partnerschaftlicher Zusammenarbeit auch gern zur Verfügung stellen.

Mitarbeiter frühzeitig einbeziehen

Je früher die aktive Beteiligung am Willensbildungsprozess einsetzt, desto eher erkennen Mitarbeiter getroffene Entscheidungen auch als eigene Entscheidung. Selbst wenn die Lösung nur in einem unwesentlichen Teilbereich miterarbeitet wurde, identifiziert sich der Mitarbeiter mit der Gesamtlösung und setzt sich für deren erfolgreiche Durchführung ein. Da er an der Zielrichtung mitgearbeitet hat, kann er auch flexibel reagieren und notfalls situationsabhängig improvisieren.

Verwenden Sie auch einen Gedanken darauf, ob es in manchen Fällen vorteilhafter ist, von Mitarbeitern vorgeschlagene Lösungen in die Praxis umzusetzen, auch wenn diese Ihrem „perfekten" und „wasserdichten" eigenen Plan in Details nachstehen. Die Qualität einer Lösung und ihre Annahme durch die Mitarbeiter sind zwei verschiedene Dinge und gehen häufig nicht konform. Wird die von Mitarbeitern erarbeitete Vorgehensweise realisiert, stärkt die eigene Urheberschaft die Verantwortung der Mitarbeiter. Eine erhöhte Motivation gleicht kleinere Fehler aus und bewirkt unter dem Strich sogar ein besseres Ergebnis.

Soll die angebotene Mitwirkung der Mitarbeiter nicht nur als psychologischer Trick oder als Mittel der Manipulation erkannt werden, stehen Sie hoffentlich auch Vorschlägen und Anregungen Ihrer Mitarbeiter ohne Voreingenommenheit gegenüber, die möglicherweise Ihrem ursprünglichen Plan nicht folgen, sondern völlig neue Wege aufzeigen. Vergegenwärtigen Sie sich, dass Ihre Mitarbeiter als Spezialisten über ein profundes Know-how verfügen, das nutzbringend in Entscheidungen eingebracht werden sollte. Sie als Vorgesetzter nutzen diese Sachkompetenz für Lösungen, die Sie häufig genug allein kaum erkennen würden, denn „der Teufel steckt im Detail". Da vier Augen mehr als zwei sehen, wird auch das Risiko subjektiver Fehleinschätzungen verringert und es kommt seltener zu „Schnellschüssen" nach der ksf-Methode (kurz, schnell, falsch).

Vier Augen sehen mehr als zwei

Diese Erkenntnisse sind nicht neu. Vor mehr als 1400 Jahren wurden sie vom *heiligen Benedikt* in der „Abt-Regel" komprimiert:

„Abt-Regel" beachten

> **Der Abt soll die Angelegenheit vortragen, den Rat der Brüder anhören und dann entscheiden.**

Durch seine Beteiligung am Willensbildungsprozess und durch die Gewährung eines größtmöglichen Maßes an Selbstständigkeit stellt der Mitarbeiter sein Ich hinter seine Arbeit. Physische und psychische Störungen beim Mitarbeiter werden auf ein Minimum reduziert, da durch die verstärkte Motivation ein hohes Maß an Zufriedenheit eintritt und daraus resultierend die Leistung steigt.

Größerer Zeitaufwand rechnet sich

Das Einbeziehen von Mitarbeitern in Entscheidungsprozesse kann einen höheren Zeit- und Diskussionsaufwand erforderlich machen. Dieser lässt sich jedoch durch ein schnelleres und reibungsärmeres Umsetzen von Entscheidungen kompensieren.

Phasen eines Mitarbeitergesprächs

Wollen Sie das Wissen und das Können Ihres Mitarbeiters, seine Ideen und Vorschläge für Ihre Entscheidung nutzen, sollten Sie ein anstehendes Problem in einem Dialog mit Ihrem Mitarbeiter in folgenden Phasen behandeln:

1. Herstellen des zwischenmenschlichen Kontakts

2. Wertfreie Schilderung der Fragestellung/des Problems

3. Stellungnahme des Mitarbeiters erbitten

4. Diskussion der Gesprächspartner über geäußerte Gedanken

5. Ergänzungen erbitten

6. Bisherige Gesprächsergebnisse zusammenfassen

7. Entscheidung treffen (evtl. später)

8. Mitteilung der Entscheidung (evtl. später)

9. Gesprächsschluss in freundlicher Atmosphäre

Zu 1.:

Positiver Einstieg unumgänglich

In einem Klima gegenseitiger Wertschätzung wird der Mitarbeiter zu einer gedeihlichen Zusammenarbeit bereit sein. Sie vergeben sich nichts, wenn Sie das Gespräch wie folgt beginnen: „Herr X, wir müssen eine wichtige Frage besprechen, die eine große Bedeutung für Ihre Abteilung hat. Hierzu möchte ich sehr gern Ihre Ansichten hören, da Sie aus erster Hand mit dem Problem vertraut sind. Mir liegt daran, Ihre Vorstellungen in eine Lösung einzubeziehen. Hier bin ich auf Ihre Erfahrung, Ihr Wissen – kurzum Ihre Mithilfe – angewiesen …"

Zu 2.:

Unbeabsichtigt boykottieren manche Vorgesetzte Gesprächsergebnisse, indem sie das zu erörternde Problem bewertend den Mitarbeitern eröffnen und zusätzlich noch einen eigenen Lösungsvorschlag zur Diskussion stellen. Damit schränken sie die Mitwirkungsmöglichkeiten des Mitarbeiters ein. Denn dieser befindet sich in einer schwierigen Situation: Einerseits braucht er sich nach den vorgetragenen Gedanken seines Vorgesetzten nicht mehr in geistige Unkosten zu stürzen. Fühlt er sich zudem unsicher, wird er kaum den Mut aufbringen, Widerspruch anzumelden. Andererseits möchte er eine gegenteilige Auffassung herausstellen, muss aber bei einem vorwiegend autoritär führenden Vorgesetzten für die Zukunft mit Repressalien (als „Oppositionsgeist" wird er nicht mehr gehört, seine Loyalität wird angezweifelt) rechnen.

Eigene Vorstellungen zunächst zurückhalten

Also besteht die problemloseste Handlungsweise darin, dem Vorgesetzten zuzustimmen und zusätzliche Argumente zu dessen Überlegungen beizusteuern. Vielleicht glaubt zum Schluss der Vorgesetzte, ein sehr fruchtbares Gespräch geführt zu haben, während er tatsächlich durch die frühe Preisgabe seiner Meinung der Taktik des Mitarbeiters zum Opfer gefallen ist. Motivierend wirkt dieser Gesprächsverlauf also nicht auf den Mitarbeiter, der sich möglicherweise manipuliert fühlt und der nutzlos vergeudeten Zeit nachtrauert.

Zu 7.:

Entscheidung später auch noch möglich

Nicht in jedem Fall wird der Vorgesetzte vor dem Gesprächsabschluss eine Entscheidung treffen. Möglicherweise will er andere Stellen oder weitere Mitarbeiter hören oder auf anderem Wege zusätzliche Informationen erhalten und verarbeiten. Oft müssen in optimale Lösungen aus vielfältigen Quellen gewonnene Informationen einfließen.

Zu 8.:

Mitarbeiter Ergebnis mitteilen

In jedem Fall sollte der beteiligte Mitarbeiter aber eine Rückmeldung über das schließlich „festgeklopfte" Ergebnis erhalten. Würde er von diesem Informationsfluss ausgeschlossen, könnte er sich kein Bild über seinen Beitrag machen und würde künftig lustlos und wenig motiviert seinen Vorgesetzten beraten.

Reifegrad des Mitarbeiters erhöhen

Setzen wir die Beteiligung des Mitarbeiters am Willensbildungsprozess konsequent fort, erhöhen wir den Reifegrad (siehe Seite 68) des Mitarbeiters. Dies führt schließlich dazu, dass im Wege der Delegation (siehe Seite 88) Entscheidungsbefugnisse an Mitarbeiter übertragen werden, sodass bisher uns obliegende Entscheidungen fortan vom Mitarbeiter selbstständig und eigenverantwortlich getroffen werden. Hier brauchen wir nicht zu zögern, denn Untersuchungen ergaben, dass Spezialisten für ihren Arbeitsbereich im Schnitt bessere Entscheidungen treffen als ein einzelner Vorgesetzter für alle Arbeitsbereiche seiner Mitarbeiter.

Mitarbeiter benötigen vielfältige Informationen

An dieser Stelle soll an die ständig wachsende Bedeutung des „Produktionsfaktors Information" für alle Berufstätigen erinnert werden. Sollen Mitarbeiter mitdenken und selbstständig handeln, andere führen, vertreten, unterstützen und beraten, so benötigen sie die erforderlichen Informationen. Ohne diese ist eine verantwortliche Beteiligung von Mitarbeitern am Willensbildungsprozess unmöglich. Während der informierte und motivierte Mitarbeiter sich bei den allermeisten Problemen an einer Lösung beteiligen kann, hat der uninformierte Mitarbeiter bei jedem Lösungsversuch ein Problem: Unwissenheit durch vorenthaltene Informationen!

Einerseits muss unser objektiver Informationsbedarf gedeckt werden, damit wir besser entscheiden und zweckmäßiger handeln können. Andererseits brauchen wir – unserem subjektiven Informationsbedürfnis entsprechend – Informationen, um

Objektive und subjektive Bedeutung von Informationen

■ uns vor unerwarteten Ereignissen sicher zu fühlen,
■ Kontakt zu anderen Menschen aufnehmen und aufrechterhalten zu können,
■ Anregungen zu erhalten und unsere Neugier zu befriedigen und
■ die eigene Person und die eigenen Leistungen bestätigt zu wissen und uns anerkannt zu fühlen.

Das Vorenthalten von Informationen durch den Vorgesetzten („Das braucht der Mitarbeiter nicht zu wissen, das geht ihn nichts an") verursacht die häufige Mitarbeiterklage: „Mir sagt ja keiner was." Mit diesem Netma-Syndrom („Nobody ever tells me anything") wird uns Demotivation erster Ordnung signalisiert.

Vorenthaltene Informationen erzeugen Demotivation

Motivator 3: Delegation von Aufgaben, Kompetenzen und Verantwortung

Aufgabendelegation seit Urzeiten üblich Schon als der Mensch noch nach Bedarf jagte und sammelte, hat er, wie alte Höhlenzeichnungen beweisen, gemeinschaftlich agiert. Er schloss sich zur besseren Bewältigung des Lebens in Gruppen zusammen. Bereits in dieser Frühphase menschlichen Lebens wurden innerhalb der Gemeinschaft unter Zweckmäßigkeitserwägungen bestimmte Aufgaben an einzelne Gruppenmitglieder übertragen – die Delegation von Aufgaben war geboren.

Die Delegation beschränkte sich bis in das ausgehende zweite Jahrtausend unserer Zeitrechnung lediglich auf die Übertragung von Aufgaben, das heißt, es wurde die fehlerfreie Ausführung von Detailaufgaben gefordert. Im Sinne zeitgemäßer Mitarbeiterführung kann diese Form der Delegation nicht zufrieden stellen.

Delegation von Heute gehören zur **Delegation**

Aufgaben a) **die Übertragung von Aufgaben** oder Tätigkeiten aus dem Funktionsbereich eines Vorgesetzten auf einen

+ Mitarbeiter **und**

b) die Zuweisung der für die Aufgabenerfüllung notwendigen **Kompetenzen** (= Rechte, alle zur Erfüllung der Aufgabe notwendigen Handlungen vorzunehmen) **und**

Kompetenzen

+

c) die **Verantwortung** für die sachgerechte Durchführung des Auftrages.

Verantwortung

Noch einmal: Gleichzeitig mit der Übertragung von Aufgaben (= Vervielfältigung der ausführenden Hände) werden die erforderlichen Kompetenzen (= Vervielfältigung der mitdenkenden und mithandelnden Köpfe) und die Verantwortung (= Vervielfältigung der tragenden Schultern) delegiert.

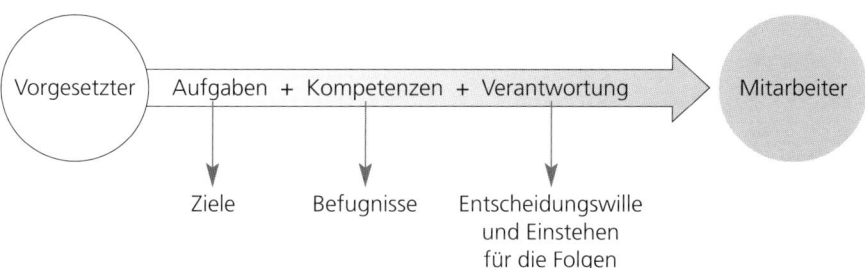

Der Mitarbeiter erhält beim Delegationsprinzip einen eingegrenzten, relativ großen Entscheidungsspielraum, in dem er selbstständig zu planen, zu entscheiden und zu handeln berechtigt und verpflichtet ist. Somit liegen Entscheidungen, Durchführung und Verantwortung in einer Hand und nähern sich der Forderung eines amerikanischen Unternehmensberaters:

Entscheidungs-spielraum wächst

> **Every employee a manager = Jeder Mitarbeiter eine Führungskraft!**

Positive Folgen Die Delegation von Aufgaben, Kompetenzen und Verantwortung stellt einen äußerst wichtigen Motivator dar. Sowohl die psychologischen Bedürfnisse (Streben der Mitarbeiter nach Verantwortung) als auch die Bedürfnisse nach Selbstentfaltung (Wunsch nach Selbstverwirklichung durch die Möglichkeit der kreativen Eigengestaltung im Arbeitsprozess) werden positiv berührt. Die Folgen:

- Mitarbeiter bewerten die Delegation als einen ihnen entgegengebrachten Vertrauensbeweis. (Sie müssen sich schon trauen, dem Mitarbeiter zu vertrauen, statt ihm durch Misstrauen die Arbeitsfreude zu verderben. Zeigen Sie Größe, in dem Sie Vertrauen in den Mitarbeiter setzen nach dem Motto: „Mach es, du schaffst es!")
- Die Delegation wird als wichtiger Schritt zu größerer Selbstständigkeit empfunden, sodass Initiative, Arbeitsfreude und Einsatzbereitschaft steigen.
- Auch geht hiermit ein größeres Interesse der Mitarbeiter einher, Arbeitsmittel, Arbeitsabläufe und Arbeitsergebnisse zu verbessern.

Arbeitsmoral kann verbessert werden Da sich viele Berufstätige in einer verantwortungsarmen Betätigung befinden, kann durch Delegation eine erhebliche Verbesserung der Arbeitsmoral bewirkt werden. Die mit diesem Führungsmittel verbundene Aufwertung spornt Mitarbeiter zum Mitdenken und Mithandeln an.

Krankheitsbedingte Ausfallzeiten werden reduziert Hier soll auf eine niedersächsische Studie aufmerksam gemacht werden, für die 1997 im Innenministerium, in der Bezirksregierung Lüneburg und in der Finanzverwaltung Erhebungen mit einem interessanten Ergebnis vorgenommen wurden: Beamte fehlten danach wegen Krankheit im Durchschnitt neun bis 13 Tage pro Jahr, Angestellte hingegen 14 bis 22 Tage. Dass Beamte gegen Viren und

90

Bakterien weniger anfällig sind, gesundheitsbewusster leben oder häufiger dem von bösen Zungen unterstellten erfrischenden Büroschlaf frönen, ist kaum anzunehmen. Tatsächlich besetzen sie häufiger als Angestellte verantwortungsvolle Dienstposten. Je mehr Verantwortung auf einem Mitarbeiter lastet, je wichtiger er seine Funktion einschätzt, umso stärker ist er motiviert und umso weniger glaubt er, sich einen krankheitsbedingten Ausfall „leisten" zu können. Andere Untersuchungen ergaben, dass die Krankheitsrate bei Personen mit gleicher körperlicher Tätigkeit, die sich aber durch mehr oder weniger Verantwortung unterscheiden, um das Dreifache auseinander lagen. Fazit: weniger Verantwortung = höhere Krankheitsraten.

Was kann in welchem Umfang delegiert werden?

Delegierbar sind

- Routineaufgaben
- Spezialistentätigkeiten
- Detailfragen
- vorbereitende Arbeiten für Entscheidungen (z. B. Informationsbeschaffung und -analyse)

Delegierbares

Nicht delegierbar sind

- Führungsaufgaben (z. B. Mitarbeiterauswahl, Zielvereinbarungen, Organisieren, Information, Kontrolle, Beurteilung)
- außergewöhnliche Fälle (= wichtige Aufgaben von großer Tragweite und/oder hohem Risikoanteil sowie akute, eilige Aufgaben)
- vertrauliche/sicherheitsrelevante Angelegenheiten

Nicht Delegierbares

Bis heute gibt es keine Methode, nach welcher der Delegationsumfang exakt festlegbar ist. Die Generalklausel lautet:

> **Delegation an den Mitarbeiter soweit möglich – Konzentration auf den Vorgesetzten soweit nötig!**

15 Empfehlungen für die schrittweise Delegation

Beabsichtigen Sie in Ihrem Bereich zu delegieren, gehen Sie nicht nach dem „Hier-machen-Sie-mal-Prinzip" vor. Wir empfehlen Ihnen ein behutsames, durchdachtes und schrittweises Vorgehen unter Berücksichtigung nachstehender 15 Empfehlungen:

1. Empfehlung: Ermitteln Sie den Ist-Zustand

Tätigkeiten auflisten

Wie bei jeder organisatorischen Veränderung ermitteln Sie zunächst den Ist-Zustand. Sie stellen Ihre derzeitigen Tätigkeiten in einer Auflistung zusammen, die alle zu berücksichtigenden Aspekte erfasst: Inhalt, zeitlicher Umfang, Bedeutung, Schwierigkeitsgrad, Dringlichkeit, regelmäßige/unregelmäßige Wiederkehr.

2. Empfehlung: Stellen Sie die delegierbaren Aufgaben fest

Was ist delegierbar?

Aus den aufgelisteten Tätigkeiten streichen Sie alle Führungsaufgaben, die nur Sie wahrzunehmen haben. Darüber hinaus sondern Sie jene Aufgaben aus, die als außergewöhnliche Fälle und vertrauliche/sicherheitsrelevante Angelegenheiten einzustufen sind. Übrig sind danach noch Aufgaben, welche delegierbar sind und die Sie demzufolge für eine Übertragung an Mitarbeiter „freigeben" können.

3. Empfehlung: Legen Sie fest, an wen delegiert werden soll

Analysieren Sie, welchem direkt unterstellten Mitarbeiter Sie Aufgaben mit Kompetenzen und Handlungsverantwortung übertragen wollen, im Hinblick auf

An wen delegieren?

- sachlich-organisatorische Gegebenheiten (passt die zu delegierende Aufgabe von der Sache her in ein bereits bestehendes Aufgabengebiet hinein?),
- mögliche tarifrechtliche Auswirkungen,
- gerechte Auslastung der Mitarbeiter (sind nicht alle Mitarbeiter in gleichem Umfang ausgelastet, werden Sie erkennbare „Luft" durch Delegation produktiv zu nutzen versuchen),
- das Maß an Verantwortung (vergewissern Sie sich rechtzeitig in einem offenen Gespräch mit dem Mitarbeiter, dass dieser die Übertragung der Verantwortung auch akzeptiert, seine neue Rolle versteht und sich der Tragweite seines künftigen Engagements bewusst ist. Hatten Mitarbeiter bisher keine Gelegenheit, Verantwortungsfreude zu entwickeln, stehen sie der Verantwortungsübernahme teils hilflos, teils ängstlich gegenüber. Statt mittels Ihres Direktionsrechts die Delegation durchzusetzen, bemühen Sie sich, den angeblichen wie den tatsächlichen Gründen für eine ablehnende Haltung auf die Spur zu kommen. Anschließend stärken Sie das Selbstbewusstsein des Mitarbeiters und streben einen Konsens für die vorgesehene Delegation an),
- die fachliche Kompetenz (= die Fähigkeit, zugedachte Aufgaben unter Berücksichtigung vorhandener Fachkenntnisse, Spezialkenntnisse und Neigungen ohne oder mit Vorbereitung zu übernehmen).

4. Empfehlung: Sorgen Sie dafür, dass der Mitarbeiter das erforderliche Know-how erwirbt

Know-how vermitteln Ist für die zu delegierende Aufgabe ein Lernbedarf erkennbar und sollen die Defizite im Unternehmen ausgeglichen werden, stellen sich Ihnen die Fragen:

- Was soll vermittelt werden?
- In welcher Zeit soll dies geschehen?
- Wer soll unterweisen?
- Wie soll vorgegangen werden?

5. Empfehlung: Sehen Sie möglichst eine dauerhafte Delegation vor

Möglichst dauerhafte Delegation Streben Sie eine dauerhafte und generelle Delegation (die Aufgabe wird zur selbstständigen Wahrnehmung an den Mitarbeiter übertragen) an, vermeiden Sie die fallweise, gelegentliche Delegation (die Aufgabe verbleibt im Funktionsbereich des Vorgesetzten). Bei sporadischer Delegation erlebt sich der Mitarbeiter als bloßer Ersatzmann und wird in seiner Selbstständigkeit und Initiative beeinträchtigt.

Sonderaufgaben gut delegierbar Das schließt nicht aus, dass Sie es Ihren Mitarbeitern mit der Übertragung von Sonderaufgaben ermöglichen, sich fachlich zu profilieren, sodass Verantwortung, Leistung und Erfolg gesteigert werden.

6. Empfehlung: Delegieren Sie möglichst Aufgabenkomplexe

Delegieren Sie möglichst große, in sich geschlossene Aufgaben bzw. Aufgabenkomplexe statt isolierter Teilaufgaben. Werden nur Teilvorgänge übertragen, gewinnt der Mitarbeiter keine Gesamtübersicht und arbeitet vielleicht nach anderen Prioritäten. Lücken und Überlappungen wären nicht auszuschließen, sodass Koordinierungsprobleme auftreten können. Gelegentlich mag auch beim Mitarbeiter der Eindruck entstehen, er habe nur Stückwerk zu liefern, sodass sein Arbeitsauftrag ohne weiteres austauschbar sei.

Aufgabenkomplexe erhöhen Identifikation mit der Arbeit

Die Identifikation mit einer anspruchsvollen Aufgabe wird gesteigert, wenn sie von Beginn bis Ende in einer Hand liegt und der Mitarbeiter schließlich stolz das Ergebnis seiner Bemühungen konstatieren kann („Produzentenstolz").

7. Empfehlung: Delegieren Sie nicht nur unangenehme oder zu schwere Aufgaben

Widerstehen Sie dem Kardinalfehler von Vorgesetzten, nur unangenehme, mühsame, konfliktträchtige, undankbare oder lästige Aufgaben zu delegieren oder solche, an denen Sie bereits erfolglos herumprobiert haben. Auch das bloße Übertragen von routinemäßigen und bedeutungslosen Aufgaben wird Ihrem Mitarbeiter wenig sinnvoll erscheinen und seinen Missmut eher steigern. Behalten Sie die „Rosinen" für sich und laden Sie dem Mitarbeiter lediglich Ihren „Schrott" auf, vermerken dies Mitarbeiter übel und sperren sich gegen Ihre Delegationspläne.

Delegieren Sie auch „Rosinen"

Sabotage durch Überforderung Ebenso fehlerhaft wäre es, dem Mitarbeiter überfordernde Tätigkeiten zu übertragen, an denen er sich erfolglos die Zähne ausbeißen muss. Unter Hinweis auf die „Unfähigkeit" des Mitarbeiters kann schon nach kurzem die Delegation zurückgenommen werden und es bleibt alles wie gehabt (ein immer wieder feststellbares „Spielchen" nicht delegationsbereiter Führungskräfte).

8. Empfehlung: Stellen Sie dem Mitarbeiter seine gestiegene Bedeutung dar

Bedeutungsgewinn herausstellen Erklären Sie dem Mitarbeiter, warum gerade er die neue Aufgabe mit Kompetenzen und Verantwortung übertragen bekommt. Es genügt nicht, allein den technischen Ablauf einer Arbeit zu erläutern. Machen Sie dem Mitarbeiter auch verständlich, weshalb die delegierte Aufgabe für das Unternehmen besonders wichtig ist. Weiß der Mitarbeiter, weshalb seine Arbeitsleistung zum Gesamtergebnis beiträgt, wird er sich weniger als unwichtiges „Rädchen" empfinden.

Wird aber Delegation mit abwertenden Bemerkungen wie „Für diese Dinge habe ich einfach nicht mehr die Zeit. Ich muss mich um wichtigere Dinge kümmern!" praktiziert, wirkt derartige Begleitmusik demotivierend und damit leistungshemmend. Sinnvolle Arbeitsteilung mit Übertragung von Handlungsverantwortung darf nicht mit dem Stempel geringwertiger, wenig bedeutsamer Arbeit versehen werden.

9. Empfehlung: Versorgen Sie den Mitarbeiter mit notwendigen Informationen

Geben und verschaffen Sie dem Mitarbeiter Zugang zu allen notwendigen Informationen. Sie wissen, dass heutzutage der „Produktionsfaktor Information" mehr und mehr an Gewicht gewinnt.

Informationspflicht beachten

10. Empfehlung: Geben Sie dem Mitarbeiter Unterschriftsbefugnis

Vergessen Sie nicht, mit der Entscheidungsbefugnis dem Mitarbeiter auch die Zeichnungsbefugnis zu geben. Soll der Mitarbeiter in seinem Delegationsbereich selbstständig handeln (Motto: „Wo zuständig, da selbstständig!"), bedeutet das auch praktisch, unterschreiben zu dürfen. Die Unterschrift besiegelt dabei die persönliche Haftung.

Unterschriftsbefugnis übertragen

11. Empfehlung: Vereinbaren Sie Ziele (siehe Seite 100)

Ziele vereinbaren

12. Empfehlung: Vernachlässigen Sie Ihre Führungsaufgaben nicht

Vergessen Sie Ihre Informations- und Kontrollpflichten – einschließlich der Führungsmittel Anerkennung (siehe Seite 113) und Kritik (siehe Seite 122) – nicht, die gerade wegen des erhöhten Risikos während der Anlaufphase bedeutsam sind.

Kontrollfunktion nicht vergessen

13. Empfehlung: Lassen Sie keine Rückdelegation zu

Rückdelegation entgegentreten

Ist der Mitarbeiter für bestimmte Entscheidungen verantwortlich, nehmen Sie ihm bei den ersten Schwierigkeiten die Handlungsverantwortung nicht gleich wieder ab. Vermeiden Sie strikt, sich ohne zwingenden Grund in delegierte Arbeitsvorgänge einzuschalten. Sie weisen Versuche von Rückdelegation zurück. Sie werden aber klar und deutlich Ihren Willen zur Unterstützung des Mitarbeiters zum Ausdruck bringen, nicht aber Ihre Bereitschaft zur Arbeits- und Verantwortungsübernahme.

14. Empfehlung: Gestehen Sie dem Mitarbeiter die erforderliche Umstellungszeit zu

Ungeduld wäre kontraproduktiv

Kam die Delegation auf Ihre Initiative zustande, haben Sie sich regelmäßig über eine längere Zeit mit der Umstellung gedanklich auseinander gesetzt. Auch kennen Sie die zu delegierende Aufgabe aus dem Effeff. Gegenüber Ihren Mitarbeitern besitzen Sie einen bedeutenden Erfahrungs-, Zeit- und Informationsvorsprung. Werden Sie also nicht gleich ungeduldig, wenn nicht jeder Mitarbeiter trotz frühzeitigen Einbeziehens die Delegation auf Anhieb „verkraftet". Manchen Mitarbeitern fällt es nicht leicht, sich von heute auf morgen umzustellen, denn sie sind – wie wir alle – „Gewohnheitstiere". Sie benötigen Zeit, um sich mit neuen Aufgaben anzufreunden, eventuell bisherige Gewohnheiten aufgeben oder sich auch nur in einer minimal veränderten Situation zurechtzufinden.

Begehen Sie nicht aus lauter Ungeduld den Fehler, eine vollzogene Delegation beim Erkennen eines ersten Fehlers

98

wegen einer vermeintlichen „Unfähigkeit" des Mitarbeiters sofort wieder rückgängig zu machen. Für manche Vorgesetzte ist es leider charakteristisch, dass sie nur halbherzig delegieren und dann bei der ersten Gelegenheit umkehren wollen.

15. Empfehlung: Vergessen Sie nicht das „Follow-up"

Unabhängig von Ihrer Kontrollpflicht sehen Sie nach erst- oder mehrmaliger Durchführung der delegierten Aufgabe eine Nachbesprechung mit dem Mitarbeiter vor. Dieses Gespräch führen Sie nicht überfallartig zwischen Tür und Angel, sondern vereinbaren mit dem Mitarbeiter rechtzeitig einen Termin, damit auch er sich vorbereiten kann. Selbstverständlich machen Sie sich vorher Gedanken, wie nach Ihren Kontrollergebnissen der Mitarbeiter die Aufgabe gemeistert hat, was gut gelaufen ist und was als verbesserungswürdig eingestuft werden kann. Begehen Sie nicht den Fehler, das Geschehene in epischer Breite aus Ihrem Blickwinkel darzustellen und den Mitarbeiter zum Zuhören zu verurteilen. Da der Mitarbeiter die delegierte Aufgabe auch künftig bestmöglich erledigen soll, ist seine Meinung gefragt.

Nachbesprechung unverzichtbar

Selbst wenn bislang die Aufgabenerledigung noch nicht Ihren Vorstellungen entspricht, führen Sie dennoch das Gespräch in einer kooperativen und konstruktiven Atmosphäre. Ihr Bestreben sollte stets sein, den Mitarbeiter aufzubauen, damit er optimale Leistungsergebnisse bei einem hohen Maß an persönlicher Zufriedenheit erzielt.

Motivator 4: Im Dialog ermittelte Zielvereinbarungen

Weshalb Ziele? Es ist unstrittig, dass ein wirkungsvolles Arbeiten nur dann möglich ist, wenn klare Ziele unseren Handlungen vorangestellt werden. Ziele gelten Mitarbeitern als Kompass und Wegweiser und helfen dabei, alle Hürden zu überwinden und das Unternehmen einen weiteren Schritt vorwärts zu bringen.

- Ziele engen den Spielraum für Ad-hoc-Entscheidungen und planlose Aktivitäten ein. Das „Machen" ist nicht gefragt, sondern das zielgerichtete, geplante und disziplinierte Durchführen.
- Eindeutig abgegrenzte und klar definierte Ziele helfen uns, Aufgaben nicht zu verfehlen, da sie deutlich die Richtung weisen und einen Maßstab enthalten, an dem der Fortschritt gemessen und die beabsichtigten Aktionen ständig bewertet werden können.
- Wer ein Ziel im Auge hat, wird auch kritischer hinterfragen, ob das, was er oder andere tun, notwendig zum Erreichen des vereinbarten Zieles ist.
- Mit erkannten Zielen können die zur Verfügung stehenden Kräfte und Ressourcen auf das Wesentliche konzentriert werden.

■ Auch schaffen Ziele und gemeinsame Zielvereinbarungen Sicherheit: Jeder weiß, wo er steht und was er zu leisten hat.

Werden allein vom Vorgesetzten Ziele durch Zerlegung des übergeordneten Zieles gebildet und dem Mitarbeiter verbindlich durch Anweisung vorgeschrieben, begegnet uns die autoritärer Führung angemessene **Zielvorgabe**. Im Normalfall wird der von der Entscheidungsbildung völlig ausgeschlossene Mitarbeiter Zielvorgaben nicht tolerieren, sondern ihnen Ablehnung und Widerstand entgegenbringen. Weil das Maß an Motivation gering ist, installiert der Vorgesetzte ein System bis ins letzte Detail gehender Arbeitsanweisungen und umfangreicher Kontrollmechanismen zur Durchsetzung der Zielvorgaben. Schnell ist ein Zustand geschaffen, aus dem der autoritär eingestellte Vorgesetzte die Berechtigung der Theorie X (siehe Seite 9) herleitet und sich in seiner Sicht bestätigt fühlt. Allerdings verkennt er, dass Zielvorgaben dem Leitbild humanistischer Menschenführung widersprechen und nur noch in Ausnahmesituationen (z. B. akute Gefahrenlagen) gerechtfertigt sind.

Zielvorgaben erzeugen Widerstand

Erfolg versprechender für alle Beteiligten ist eine **Zielvereinbarung**, in der Vorgesetzter und Mitarbeiter gemeinsam Ziele formulieren und festlegen.

Gemeinsam Ziele vereinbaren

Jede Person – also jeder Vorgesetzte und jeder Mitarbeiter – verfolgt bewusst oder unbewusst Ziele vielfältiger Art. Selbstverständlich sind auch dem Unternehmen/der Abteilung bestimmte Ziele vorgegeben. Damit unterschiedliche Zielsetzungen einander nicht widersprechen und Konfliktsituationen bewirken, müssen sie rechtzeitig aufeinander abgestimmt werden.

Ohne Zielabgleich ist Sand im Getriebe Kommt es nicht zu dem erforderlichen Abgleich zwischen den Absichten des Vorgesetzten und der einzelnen Mitarbeiter, ist Sand im Getriebe. Der Mitarbeiter identifiziert sich nicht mit seinem Aufgabenbereich, sondern betrachtet seine Berufstätigkeit als notwendiges Übel und richtet sein Leistungsverhalten entsprechend ein. Der Ruf nach Humanisierung der Arbeit verstummt hingegen, wenn eine starke Identifikation des Mitarbeiters mit seinen Aufgaben eintritt.

Vereinbarte Ziele bündeln Energien Je stärker ein Mitarbeiter am Zielfindungsprozess teilhaben kann, umso eher werden Abweichungen zwischen den Vorstellungen des Vorgesetzten und des Mitarbeiters vermieden, umso häufiger werden die Fähigkeiten des Mitarbeiters frühzeitig aktiviert, umso intensiver kann er eigene Vorstellungen in die Zielvereinbarung einbringen. Auch lassen sich wesentlich bessere Leistungen erreichen, wenn der Mitarbeiter das Bewusstsein hat, sich die Ziele selbst gesteckt und mit seinem Vorgesetzten vereinbart zu haben.

Je näher der Mitarbeiter einem anspruchsvollen Ziel kommt, desto größer wird das Gefühl, etwas Besonderes zu leisten; wird das Ziel schließlich erreicht, stellen sich intensiv empfundene Erfolgserlebnisse ein, die wiederum Quelle neuer Leistungsbereitschaft sind.

Halten wir fest: Wollen Sie das Engagement Ihrer Mitarbeiter gewinnen, muss es in einer gemeinsamen Leistung zu einer Zielvereinbarung kommen!

Bei der Zielvereinbarung gehen Sie schrittweise vor:

Gesprächstermin festlegen 1. Sie legen mit dem Mitarbeiter einen Gesprächstermin fest und bitten ihn, bis zu dem Gespräch seine Zielvorstellungen für einen festzulegenden Zeitraum zu entwickeln. So kann der Mitarbeiter im Rahmen seines Aufgaben- und Verantwortungsbereichs seine Sichtweise und Vorstellungen in den Zielfindungsprozess einbringen.

2. Sie sammeln zunächst die notwendigen Daten (z. B. Markt-/Kostendaten für einzelne Produkte) für die Ausgangslage (= Ist-Zustand). Anschließend erarbeiten Sie unabhängig vom Mitarbeiter Ihre längerfristigen Zielvorstellungen für den Aufgabenbereich des Mitarbeiters und ermitteln hieraus von Ihnen gewünschte kurzfristige Ziele (= Soll-Zustand). Diese koordinieren Sie in Gedanken mit den Zielen anderer Mitarbeiter und denen Ihres gesamten Bereichs.

Ihre Zielvorstellungen entwickeln

3. Es folgt die wechselseitige Abstimmung der Zielvorstellungen durch partnerschaftliche Diskussion, sodass schließlich über die anzustrebenden Ziele Konsens entsteht. Das Ergebnis muss integriert sein in die immer stärker werdenden Vernetzungen und übergreifenden Abhängigkeiten im Unternehmen, die bereichsinterne Abstimmungen voraussetzen.

Zieldiskussion und Zielvereinbarung

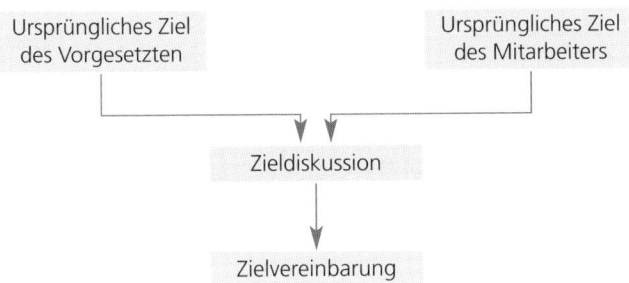

Erst wenn einem Ziel in einem bewussten Urteilsprozess zugestimmt wurde, erwirbt es einen Verbindlichkeitscharakter und versieht das Handeln des Mitarbeiters mit der nötigen Energie.

Mit der erreichten Zielvereinbarung verfügt der Mitarbeiter über das Fundament, auf welchem er einen Ablaufplan errichten kann. In ihm legt er fest, in welchen Teilschritten, auf welchen Wegen und mit welchen Methoden das Ziel erreicht werden soll.

Forderungen an zu vereinbarende Ziele

10 Forderungen Wie sind zu vereinbarende Ziele zu formulieren? Orientieren Sie sich bitte an zehn Forderungen:

1. Ziele sollen klar sein

Klare und eindeutige Ziele Ziele sind genau zu definieren, damit alle Beteiligten unter einer Aussage das Gleiche verstehen. Unverbindliche Absichtserklärungen wie etwa „Ausweitung der Informationstätigkeit" (der Vorgesetzte versteht hierunter eine Erhöhung der Aktivitäten um 50 Prozent, der Mitarbeiter glaubt, das Soll bei einer Steigerung von 20 Prozent gut erfüllt zu haben) oder mehrdeutige Umschreibungen wie „angemessen", „viel", „grundsätzlich", „im Allgemeinen", „beachtlich" genügen nicht. Sieht der Mitarbeiter kein präzises und konkret formuliertes Ziel, fehlt ihm der anzuvisierende Punkt, auf den er hinarbeiten kann.

Ohne eindeutige Ziele befindet sich ein Mitarbeiter in ständiger Defensive. Er unterliegt leicht der Kritik, weil er nicht das Ergebnis vorweisen kann, welches er nach Ansicht des Vorgesetzten hätte erreichen müssen. Erst klare

Ziele geben den Bemühungen des Mitarbeiters Richtung und Bedeutung.

Es müssen eindeutige Aussagen getroffen werden zu

- Inhalt (z. B.: Verbesserung der Input-/Output-Relation),
- Ausmaß (z. B.: … um 5 Prozent) und
- Zeit (z. B.: … innerhalb eines Jahres).

2. Ziele sollen messbar sein

Idealerweise sollten vereinbarte Ziele Maßstäbe in Form von Zahlen, Prozentsätzen oder Zeitvorgaben enthalten. Zur Festlegung des Maßstabes sind Sie regelmäßig auf die Mithilfe des Mitarbeiters angewiesen, da dieser eher feststellen vermag, welche seiner Arbeiten leichter oder schwieriger sind. Erst wenn die unterschiedlichen Schwierigkeitsgrade berücksichtigt werden, ist eine angemessene Fixierung möglich.

Maßstab soll festgelegt werden

3. Ziele sollen realistisch sein

Ziele sind erwünschte Ergebnisse und keine nebulösen Fantasien und Tagträumereien. Die Eignung und die Leistungsfähigkeit des Mitarbeiters sowie verfügbare Mittel müssen Ziele nach dem gegenwärtigen Stand als erreichbar erkennen lassen.

Blick auf Machbares richten

Die realistische Leistungseinschätzung für jeden Mitarbeiter verhindert eine leistungsmindernde Über- oder Unterforderung. Dauerhafte Überforderung zerstört die psychische und physische Gesundheit des Mitarbeiters ebenso wie dauerhafte Unterforderung, wobei der Organismus auf Überforderungen langfristig weniger tolerant zu reagieren scheint als auf Unterforderung. Für den Mitarbeiter sind Ziele frustrierend, welche nicht erreichbar sind: Nach

Über- und Unterforderungen vermeiden

anfänglichen vergeblichen Bemühungen wirft er die Flinte ins Korn, sodass selbst Mögliches und Machbares auf realistischer Ebene verspielt ist. Sieht sich der Mitarbeiter übertrieben angesetzten Zielen gegenüber, wird er diese möglicherweise als unfaire Druckmittel einordnen und sich hiergegen sperren (Druck erzeugt Gegendruck!).

Allerdings bedarf es einiger Erfahrung, solche Ziele zu vereinbaren, die einerseits den Mitarbeiter wegen zu hoch hängender Trauben nicht von vornherein entmutigen und andererseits noch genügend anspornen. Generell wächst der Mensch mit einem Ziel, das ihn in angemessener Weise herausfordert.

4. Ziele sollen ehrgeizig/ herausfordernd sein

Routineziele setzen keine Akzente

Werden nur Ziele vereinbart, die Normalübliches berücksichtigen, bleiben Sie beim Status quo. Alltägliches wird lediglich fortgeschrieben. Der Mitarbeiter sieht keinen Anlass, seine Bemühungen zu verstärken.

Ehrgeizige Ziele sind Herausforderungen

Erst herausfordernde Ziele stellen Motivatoren dar und vermitteln das Gefühl des Gefordertwerdens und bilden im Fall des Erfolges den Ansporn für künftige Leistungen auf hohem Niveau.

Wächst der Mitarbeiter über sich selbst hinaus, geht hiermit sogleich eine Erhöhung seiner Lebensqualität einher. Demzufolge vereinbaren Sie auch Ziele, mit welchen die individuelle Obergrenze des Leistungsvermögens des einzelnen Mitarbeiters angesteuert wird. Vergewissern Sie sich, dass die Zielvereinbarung wirklich im Bereich der Möglichkeiten des Mitarbeiters liegt.

5. Ziele sollen für den Mitarbeiter vorteilhaft sein

Die Zielvereinbarung hilft, dass Ziele nicht zu stark von den persönlichen Erwartungen des Mitarbeiters abweichen, sondern idealerweise mit diesen zur Deckung gebracht werden (siehe Seite 16).

Mitarbeiter-erwartungen berücksichtigen

Eine völlige Kongruenz wird zwar nicht oft erreicht werden, in Teilbereichen ist aber gewiss eine Übereinstimmung möglich. Je größer das Maß an Übereinstimmung ist, je stärker sich der Mitarbeiter mit den vereinbarten Zielen identifiziert, umso eher wird der Mitarbeiter die in ihm vorhandenen Energien ausschließlich auf die Erfüllung seiner Aufgabe richten. Dann braucht er weder geschoben noch gezogen zu werden, sondern bewegt sich auch dann auf das Ziel zu, wenn der Vorgesetzte ihn nicht permanent überwacht.

6. Ziele sollen begrenzt sein

Eine Vielzahl vereinbarter Ziele verstellen den Blick auf die eigentlich wichtigen Ziele. Ein Mitarbeiter kann sich nicht ständig auf viele Ziele gleichzeitig konzentrieren. Dies würde bald zur Frustration führen, da ein gleichzeitiges „Tanzen auf mehreren Hochzeiten" die Bemühungen zerteilen würde, sodass in überschaubarer Zeit keines der Ziele erreicht wäre. Daher sollten normalerweise nicht mehr als fünf Ziele formuliert werden.

Nicht mehr als 5 Ziele vereinbaren

7. Ziele sollen nach Prioritäten geordnet sein

Innerhalb festzulegender Zeitspannen werden einzelne Ziele besonders in den Vordergrund gerückt, weil bestimmte Fortschritte in der Aufgabenerledigung angestrebt werden. Gleichzeitig ist damit die Aufforderung verbunden, den bisher auf anderen Gebieten erreichten Leistungsstand zu halten.

Welches Ziel hat Vorrang?

8. Ziele sollen in Teilziele zerlegt werden

Endziel in Teilziele zerlegen

Selbst wenn kurzfristig gesteckte Ziele durch das Tagesgeschäft immer wieder über den Haufen gestoßen werden, können wir daraus nicht folgern, dass längerfristige Ziele erst recht ohne Bestand sein müssen. Wie der Kapitän eines Handelsschiffes den anzulaufenden Hafen festlegen muss, wird auch im Rahmen der Zielvereinbarung zunächst das Ziel aller Bemühungen formuliert. Da aber allzu ferne Ziele nicht ernst genommen werden und kaum mehr motivierenden Charakter aufweisen, sollte das Endziel aufgesplittet werden.

Teilziele führen schneller zu Erfolgserlebnissen

Aus dem Endziel, welches möglicherweise erst in mehreren Jahren realisiert werden kann, werden Teil- oder Etappenziele ermittelt. Bei dieser „Feinabstimmung" werden die vereinbarten Teilziele auf einen überschaubaren Zeitraum bezogen sowie genaue Zeitpunkte für die Zielerfüllung festgelegt – maximal ein Jahr. Da sich bei jedem erreichten Teilziel der Erfolg einstellt, können wir regelmäßig einen Motivationsschub erkennen. Die zeitliche Untergliederung in Teilziele kann auch zur rechtzeitigen Korrektur von Fehlentwicklungen beitragen.

9. Ziele sollen schriftlich festgelegt werden

Schriftliche Ziele erfordern Präzision

Werden die Beteiligten aufgefordert, Ziele schriftlich zu formulieren, sind sie gezwungen, die Zielvereinbarungen genau zu klären und zu präzisieren. Mit einer schriftlichen Fixierung behalten wir in der Hektik des Tagesgeschehens den Überblick und können auch unter größter Arbeitsbelastung die richtigen Prioritäten setzen.

10. Ziele sollen widerspruchsfrei sein

Durch frühzeitige Abstimmung Zielkonflikte vermeiden

Befinden sich unter den Zielen solche, die zu anderen Zielen in Konkurrenz stehen, wird das Erreichen des anvisierten Zieles Zielkonflikte heraufbeschwören. Zielkonflikte werden offenbar, wenn zum Beispiel ein offener Informationsaustausch propagiert wird unter Wahrung vielfältiger Geheimhaltungsinteressen oder für in Übersee produzierte Ersatzteile eine hohe Lieferbereitschaft bei gefordertem geringem Lagerbestand gewährleistet werden soll.

Konfliktreiche Ziele sind im Zielvereinbarungsgespräch zunächst eindeutig darzustellen und dann weitgehend bei der Zielvereinbarung zu berücksichtigen. Sind konkurrierende und in Widerspruch zueinander stehende Ziele nicht vollständig zu vermeiden, sind sie soweit wie möglich zu begrenzen.

In einer Mitarbeiterbesprechung werden die mit jedem Mitarbeiter vereinbarten Ziele koordiniert. Möglicherweise werden hierbei zunächst nicht erkannte Zielkonflikte transparent, sodass durch frühzeitige Abstimmung persönlichen Streitereien und Animositäten der Boden entzogen und ein Blockieren der kollegialen Zusammenarbeit vermieden wird.

Ziele in einer Mitarbeiterbesprechung koordinieren

Je stärker ein Interesse der Mitarbeiter an der gemeinsamen Aufgabe geweckt und ausgeprägt und je intensiver der „Sog des Ziels" empfunden wird, umso eher sind die Mitarbeiter bereit an einem Strick zu ziehen.

Ziele zu vereinbaren wäre sinnlos, wenn sie nicht auch genutzt würden, den Grad der Zielerreichung zu messen. Sie als Vorgesetzter sind gut beraten, immer wieder – möglichst gemeinsam mit dem Mitarbeiter – festzustellen, ob erfolgreich auf das vereinbarte Soll zugesteuert wird.

Zwischenergebnisse beachten

Stellt sich dabei heraus, dass die Zielerfüllung entscheidend gefährdet ist, sind zunächst die Ursachen für die

Bei Zielabweichungen aktiv werden

109

Zielabweichung zu ermitteln. Vorstellbar sind beispielsweise:

- trotz aller Vorsicht vereinbarte unrealistische Ziele,
- in der Person des Mitarbeiters liegende Defizite,
- ungünstige, der Aufgabenerledigung entgegenstehende äußere Einflüsse (zum Beispiel Witterungsbedingungen, ungewöhnlich lange Lieferzeiten für Materialien, Arbeitskampfmaßnahmen),
- bei der Zielvereinbarung berücksichtigte Aussichten, die dann doch nicht eintraten.

Erforderlichenfalls Ziele korrigieren Ist das vereinbarte Ziel nach einer Analyse der Zielabweichung nicht/nicht mehr realistisch, muss es den Gegebenheiten zwangsläufig mittels einer Zielkorrektur angepasst werden.

Gewiss ist es anfangs schwierig, planvoll vorzugehen und Ziele zu vereinbaren. Je mehr Sie sich jedoch durch Übung mit dieser Führungsaufgabe beschäftigen – die folgende Checkliste soll Ihnen helfen, nichts Wesentliches zu übersehen –, desto leichter wird sie Ihnen fallen. Nach einiger Zeit stellt sich bei Ihnen das gute Gefühl ein: „Der Laden läuft." Alle Beteiligten sind motiviert und wissen, wohin zu steuern ist, sodass Ihr gesamter Bereich auch leichter dort ankommt. Schließlich haben Ihre Mitarbeiter durch Zielvereinbarungen ihre Arbeit „zur eigenen Sache" gemacht.

Checkliste Zielvereinbarung

	Ja	Nein
1. Konnte der Mitarbeiter rechtzeitig vor dem Zielvereinbarungsgespräch seine Vorstellungen entwickeln und sich für das Gespräch präparieren?	☐	☐
2. Kam es zu einer wirklichen Zielvereinbarung, in der gemeinsam mit dem Mitarbeiter ein Konsens erzielt wurde?	☐	☐
3. Bestehen gute Chancen, dass sich der Mitarbeiter mit der Zielvereinbarung identifiziert, weil er sie als viel versprechend und vorteilhaft erkennt?	☐	☐
4. Sind die Ziele klar, konkret, präzise und unmissverständlich formuliert?	☐	☐
5. Sind die Ziele inhaltlich genau bestimmt?	☐	☐
6. Wurden Ausmaß und Termine limitiert?	☐	☐
7. Sind die Ziele messbar und enthalten sie damit einen Aufforderungscharakter?	☐	☐
8. Sind die Ziele zeitlich und inhaltlich erreichbar und orientieren sie sich am Möglichen und Machbaren?	☐	☐

	Ja	Nein
9. Sind die Ziele anspruchsvoll/ herausfordernd, sodass mit ihnen ein Motivationsschub einhergeht?	☐	☐
10. Ist die Anzahl vereinbarter Ziele auf ein überschaubares Maß begrenzt?	☐	☐
11. Kennt der Mitarbeiter die Prioritäten seiner Ziele, sodass er gegebenenfalls umdisponieren kann?	☐	☐
12. Sind die für einen längeren Zeitraum geltenden Ziele in Teil-/Etappenziele überführt worden?	☐	☐
13. Konnten erkennbare/vermutete Zielkonflikte ausgeräumt bzw. auf ein Minimum beschränkt werden?	☐	☐
14. Wurden die mit dem Mitarbeiter vereinbarten Ziele in einer Mitarbeiterbesprechung koordiniert?	☐	☐
15. Achten Sie darauf, dass Leistungsergebnisse zu kontrollieren sind und vereinbarte Ziele periodisch überprüft, überdacht und eventuell geändert werden müssen?	☐	☐

Motivator 5: Das lebenswichtige „Vitamin" Anerkennung

Beantworten Sie zunächst die Frage

Wie reagieren Sie bei anerkennenden Worten Ihres Vorgesetzten?

bitte möglichst spontan anhand der folgenden Statements:

	Ja	Nein	Fragebogen
Ich habe ein Erfolgserlebnis	☐	☐	
Ich fühle mich gestreichelt	☐	☐	
Die Anerkennung ist für mich Selbstbestätigung	☐	☐	
Mein Selbstwertgefühl wird erhöht	☐	☐	
Meine Arbeitsfreude nimmt zu	☐	☐	
Meine berufliche Umwelt ist mir sympathischer	☐	☐	
Meine Lebensfreude steigt steil an	☐	☐	
Ich fühle mich wohl und zufrieden	☐	☐	
Ich respektiere eher meinen Vorgesetzten	☐	☐	
Ich identifiziere mich stärker mit meiner Firma	☐	☐	

	Ja	Nein
Anerkennung gibt mir neuen Mut und setzt zusätzliche Kräfte frei	☐	☐
Anerkennung spornt mich zu weiteren guten Leistungen an	☐	☐
Ich engagiere mich stärker und bin kreativer	☐	☐
Meine Loyalität gegenüber der Firma und dem Vorgesetzten wächst	☐	☐

Ihre Zustimmung überwiegt Haben Sie sich dieser Befragung ohne zu flunkern gestellt, werden Sie sehr viel häufiger ein „Ja" angekreuzt haben als eine verneinende Aussage.

Auch bei Mitarbeitern überwiegt Zustimmung Nun, wenn Anerkennung für Sie selbst eine stark motivierende Kraft darstellt, wird sie auch auf Ihre Mitarbeiter eine ähnlich positive Wirkung haben. Bekanntlich gehört sachlich nachvollziehbare Anerkennung zu den Ego-Needs und zählt daher zu den wichtigsten Bedürfnissen der menschlichen Natur.

Menschen wollen Erfolg haben Ein Leben ohne Arbeit wäre sicherlich nicht das Paradies, sondern ein chaotischer Zustand. Werden in unserer Gesellschaftsordnung Anstrengungen jedoch nicht anerkannt oder vermitteln sie kein Erfolgserlebnis, wird Arbeit zur Schinderei, zur Routine, die der Not und nicht dem eigenen Triebe gehorchend geleistet wird. Erst erfolgreiches Arbeiten verschafft uns (in der Sprache der Psychologen) Lustgewinn.

Mit Anerkennung, welche die Betriebe keinen Pfennig kostet, verschaffen wir dem Mitarbeiter Höhepunkte, die den Arbeitsalltag durchbrechen. Ein chinesisches Sprichwort sagt:

114

> **Ein Wort der Anerkennung hält den Menschen warm drei Winter lang.**

Vor allem Berufsanfänger und unsichere Mitarbeiter bedürfen der Bedürfnisbefriedigung „Anerkennung" in besonderem Maße. Hier wirkt Anerkennung als Hilfe – als „Entwicklungshilfe" – und sorgt vorrangig dafür, dass eine richtig ausgeführte Tätigkeit „stabilisiert" wird. Mit Anerkennung stärken Sie das Selbstvertrauen des Mitarbeiters. Dieses ist wiederum eine wesentliche Voraussetzung, um sich in der Arbeitswelt sicher zu fühlen und möglichst rasch Fuß zu fassen.

Anerkennung besonders wichtig bei Anfängern

Es ist erstaunlich, dass Vorgesetzte häufig äußerst sparsam mit Anerkennung umgehen, denn im Gegensatz zur Kritik ist die Anerkennung eine besonders dankbare Aufgabe für jeden Vorgesetzten. Dennoch erklären Führungskräfte immer wieder, die Mitarbeiter würden doch für positive Arbeitsergebnisse bezahlt. Dies sei als normale Pflichterfüllung anzusehen, die keiner besonderen Erwähnung bedürfe („Nicht kritisiert ist genug gelobt!"). Wer allerdings konsequent auf anerkennende Worte gegenüber seinen Mitarbeitern verzichtet, wird eines Tages feststellen, dass in seinem Bereich kaum noch anzuerkennende Leistungen erbracht werden. Die Mitarbeiter haben es schließlich aufgegeben, sich durch offensichtlich nicht zur Kenntnis genommene besondere Leistungen auszuzeichnen.

Vorenthaltene Anerkennung erstickt Leistungsanstrengungen

> **Die gute Tat, die ungepriesen bleibt, würgt tausend and're, die sie zeugen könnte.** *Shakespeare*

Anerkennung verschafft uns Erfolgserlebnisse. Diese sind wesentliche Voraussetzungen für eine dauerhafte positive Einstellung zur Arbeit und für das Erzielen optimaler Arbeitsergebnisse. Denn was uns Erfolg gebracht hat, das

Erfolgserlebnisse spornen an

115

wiederholen wir gerne. Die Anerkennung selbst kleiner Fortschritte spornt zu weiteren Bemühungen an, die uns wiederum Anerkennung einbringen sollen. Wir können hier einen Regelkreis erkennen:

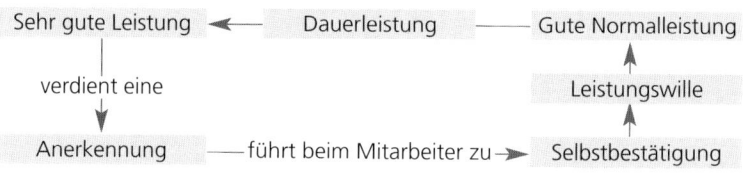

> **Erfolg erzeugt Erfolg!**

8 Merkpunkte Eine fertige „Gebrauchsanweisung" für Anerkennung oder für ein mehrstufiges Gesprächsmodell gibt es nicht. Beachten Sie jedoch die folgenden acht Merkpunkte, können Sie das Führungsmittel Anerkennung situationsabhängig und besonders wirkungsvoll einsetzen:

1. Anerkennung gelegentlich auch schwächeren Mitarbeitern aussprechen

Nicht nur „Überflieger" anerkennen Anlässe für Anerkennung gibt es genügend. Sie brauchen Ihre Aufmerksamkeit nur auf die Augenblicke zu richten, in denen Ihre Mitarbeiter gute Ergebnisse erzielen, sich motiviert ihrer Arbeit zuwenden oder Routinearbeiten gewissenhaft ausführen.

Mitarbeiter bei Richtigem „erwischen" Wenn Sie Ihre Mitarbeiter dabei „erwischen, wenn sie es richtig machen" (Empfehlung des amerikanischen Unternehmensberaters Robert Townsend), ist der Moment gekommen, dem Mitarbeiter verdiente Anerkennung zu geben. Tatsächlich machen unsere Mitarbeiter doch nicht ständig Fehler, sondern nur selten und auch nur wenige. Dagegen arbeiten sie im Normalfall fehlerfrei, also so, dass sie ihr Soll erreichen.

Sicherlich ist es richtig, dass besondere Leistungen auch mit besonderer Anerkennung zu belohnen sind. Fragen wir uns aber, was mit den Mitarbeitern geschieht, die tagein, tagaus befriedigende oder ausreichende Arbeitsergebnisse erzielen. Zu diesen im beruflichen Bereich eher „grauen Mäusen" zählt nach der Gauß'schen Normalverteilungskurve die Masse der Berufstätigen (ca. 60 Prozent).

Selbst in den Fällen normaler Arbeitsleistung sollte der Vorgesetzte hin und wieder Anerkennung aussprechen, um auch die schwächeren Mitarbeiter zu motivieren. Schließlich möchte jeder Mitarbeiter von Zeit zu Zeit ausdrücklich bestätigt wissen, dass die geleistete Arbeit den Anforderungen entspricht. Damit heben wir seine Arbeitsfreude und stärken seine Arbeitsmoral.

Bei „schwachen" Mitarbeitern auch Durchschnittliches anerkennen

2. Anerkennung muss aufrichtig sein

Vor wahllos verteilter, gleichmäßig mit der Gießkanne über alle Mitarbeiter ausgeschütteter Anerkennung ist zu warnen. Unangebrachte Anerkennung wird als Zweckmanöver durchschaut und verliert ihre Wirkung. Der Mitarbeiter hat ein ausgeprägtes Gefühl dafür, ob eine Anerkennung nach dem Motto „Der Zweck heiligt die Mittel" gegeben wird oder ob die anerkennenden Worte auf konkreter Einschätzung der Leistung oder des Verhaltens beruhen.

Anerkennung muss verdient sein

Haben Sie Positives bemerkt, freuen Sie sich hierüber und geben Sie dies auch über die Anerkennung zum Ausdruck. *Thomas Mann* stellte fest:

> **Niemand kann andere Menschen gut führen, wenn er sich nicht ehrlich an deren Erfolgen zu freuen vermag.**

117

3. Anerkennung soll sich auf ein konkretes Leistungsergebnis beziehen

Anerkennung muss auf sachlicher Leistung beruhen

Bei der Anerkennung wollen wir unklare Pauschalformulierungen und allgemeine Floskeln vermeiden. Dafür werden genaue und konkrete Angaben gefordert.

Erkennen Sie nicht in Bausch und Bogen gute Arbeitsergebnisse an: „Mit Ihren Arbeitsergebnissen bin ich sehr zufrieden." Begründen Sie vielmehr: „Die letzten sechs Präsentationen haben Sie ohne Pannen organisiert. Es hat alles einwandfrei geklappt."

Nennen Sie also Zahlen, Daten und Fakten, durch die Ihre anerkennenden Worte konkret und glaubwürdig werden. Dann erhält Ihr Mitarbeiter das Gefühl, die Anerkennung wirklich verdient zu haben.

4. Anerkennung ist genau zu dosieren

Angemessenheit wahren

Wichtig ist, dass die Anerkennung im richtigen Augenblick in passender Weise erfolgt. Ein schablonenhaftes oder routinemäßiges Anerkennen hat zu unterbleiben. Es gilt der Grundsatz:

> **Jedem das Seine, aber nicht jedem das Gleiche.**

Überschwängliches Lob ist fehl am Platze. Geben wir dem Mitarbeiter doch durch ein Lächeln, ein Kopfnicken, ein „gut gemacht", „vielen Dank" oder „das Verkaufsgespräch war prima" zu erkennen, dass wir seine erfreuliche Arbeitsleistung zur Kenntnis genommen haben. Hieran erkennen wir unschwer, wie wichtig die unzähligen „Kleinigkeiten des Berufsalltags" für die Verbesserung der Mitarbeiterzufriedenheit sind.

Hat der Mitarbeiter sein Soll aber erheblich übertroffen oder trotz schwieriger Bedingungen erreicht, sagen wir ihm, was an seiner Leistung besonders anerkennenswert ist. In herausragenden Fällen wäre zu erwägen, ob auf Vorschlag des unmittelbaren Vorgesetzten der nächsthöhere Vorgesetzte die Anerkennung in mündlicher oder schriftlicher Form gibt.

5. Anerkennung nicht in Gegenwart Dritter aussprechen

Anerkennung vor Dritten kann überheblich oder eitel machen. Da mit einer einem Kollegen ausgesprochenen Anerkennung häufig ein Vergleich mit eigenen Leistungen einhergeht, sind Kollegen nicht immer neidlos bereit, die erzielte Leistung als anerkennenswert zu betrachten („Der ist auch nicht besser als ich"). Manche fühlen sich persönlich zurückgesetzt, andere wiederum sind eifrig bemüht, dem mit Anerkennung beglückten Kollegen Steine in den Weg zu rollen – dem „Streber" soll „eins ausgewischt" werden. Dass das Arbeitsklima durch Anerkennung vor Kollegen erheblich beeinträchtigt werden kann, steht wohl außer Zweifel.

Anerkennung unter Ausschluss der Öffentlichkeit

Eine Anerkennung in Gegenwart Dritter ist nur dann gerechtfertigt, wenn vor allen Mitarbeitern eine besondere Dankbarkeit ausgedrückt werden soll. Denken Sie hier an ein Arbeitsjubiläum oder an die Entlassung eines Mitarbeiters in den wohlverdienten Ruhestand. Die bei dieser Gelegenheit geäußerten positiven Wertungen werden von den Kollegen nicht immer ernst genommen, sondern als Bestandteil einer offiziellen Ehrung erkannt, sodass Neid und Missgunst kaum aufkommen.

6. Anerkennung soll sachorientiert sein

Nicht persönlich loben, sondern sachorientiert anerkennen Anerkennung soll auf die Sache bezogen sein, nicht auf die Person des Mitarbeiters. Es ist entmutigend, vormittags persönlich gelobt und nachmittags persönlich getadelt zu werden. Wer von uns würde sich als Mitarbeiter nicht über die wechselnde Beurteilung seiner Person von einem Extrem ins andere wundern? Wird dagegen nur ein bestimmter sachlicher Aspekt anerkannt, so ist der Vorgesetzte durchaus frei, später auch sachlich Kritik zu üben:

9.00 Uhr:	Sie sind ein gewissenhafter Mitarbeiter	Das haben Sie sehr zügig bearbeitet
15.00 Uhr:	Sie sind ein unzuverlässiger Mitarbeiter	Den Brief an … sollten Sie überarbeiten, denn …
	= Wertung der Person des Mitarbeiters	= Wertung der Leistung des Mitarbeiters

7. Anerkennung soll unmittelbar nach einer guten Leistung gegeben werden

Nicht zu lange mit Anerkennung warten Gehören Sie auch zu den bedauernswerten Führungskräften, denen das tägliche Geschäft angeblich keine Zeit lässt, Anerkennung auszusprechen, und die deshalb „wenn es sich gerade so ergibt" dieses Führungsmittel einsetzen? Bedenken Sie bitte, dass zu lange verzögerte Anerkennung vorenthaltenem Entgelt in der seelischen „Lohntüte" des Mitarbeiters gleicht. Nicht jeder Mitarbeiter harrt geduldig einer noch ausstehenden verdienten Anerkennung. Mancher wird das Warten mit Resignation quittieren.

Bei der Anerkennung muss dem Mitarbeiter der Zusammenhang zwischen der geleisteten Arbeit und der Reaktion des Vorgesetzten erkennbar sein.

8. Anerkennung darf nicht mit Kritik verbunden werden

Wir können uns sicherlich die Situation vorstellen, dass ein Vorgesetzter in einem konkreten Fall Anerkennung geben, in einem anderen Bereich aber Kritik üben will. Hier sollte er Sensibilität walten lassen und die Führungsmittel Anerkennung und Kritik zeitlich voneinander trennen.

Folgende Kritik zerstört motivierende Wirkung der Anerkennung

Die mit der Anerkennung verbundene wohltuende Wirkung würde sogleich eliminiert, wenn den positiven Vorgesetztenworten mahnende Hinweise bis hin zu harschen kritischen Worten folgen würden. Berechtigterweise würde dieses Vorgesetztenverhalten vom Mitarbeiter als „Zuckerbrot-und-Peitsche-Methode" abgelehnt.

Merke:
Über Anerkennung fördern wir die Stärken unserer Mitarbeiter, mit fehlerhafter Kritik trampeln wir auf ihren Schwächen herum.

Auf den Punkt gebracht:

> **Ein Tropfen Öl bewirkt mehr als ein Hammerschlag.**

Motivator 6: Kritik, die den Blick nach vorn richtet

Fehler werden nicht vorsätzlich gemacht

Gehen wir davon aus, dass jeder Mitarbeiter grundsätzlich ohne Fehler arbeiten möchte, um Erfolge bei seiner Arbeit zu sehen, die Wertschätzung der Umwelt zu gewinnen und in Übereinstimmung mit dem eigenen Gewissen zu leben. Kaum ein Mitarbeiter produziert aus bösem Willen vorsätzlich Fehler, sondern sie unterlaufen ihm im Regelfall, weil er sie nicht erkennt bzw. es nicht besser weiß.

Nur Faule und Dummköpfe machen keine Fehler. Der Faule tut nichts, der Dumme erkennt seine Fehler nicht oder sieht sie nicht ein.

Über Fehler nicht hinwegsehen, sonst werden sie zur Norm

Allerdings können die ständigen Hinweise von Mitarbeitern: „Wo gearbeitet wird, passieren Fehler" oder: „Man wird ja wohl mal einen Fehler machen dürfen" nicht als Erklärungsmodell für Schlampereien und allgemeine Nachlässigkeit akzeptiert werden. Wenn auch die Forderung nach völlig fehlerfreiem Arbeiten eine Illusion bleibt, so ist doch stets eine deutliche Fehlerreduzierung anzustreben. Deshalb darf der Vorgesetzte keinesfalls großzügig über Fehlverhalten hinwegsehen. Sonst werden geduldete Nachlässigkeiten allmählich zur Norm, zum üblichen Standard.

122

Halten Sie eine berechtigte Kritik zurück, bringen Sie den Mitarbeiter – sicherlich auch das Unternehmen und möglicherweise auch sich selbst – um den Erfolg! Der kluge Vorgesetzte wird Kritik gezielt einsetzen und bei geschickter Nutzung dieses Führungsmittels in den meisten Fällen die betrieblichen Ziele bei größerer Zufriedenheit seiner Mitarbeiter erreichen.

Kritik gezielt einsetzen

Bedauerlicherweise wird von schlecht beratenen Vorgesetzten das Führungsmittel Kritik immer wieder in einer das Arbeitsklima vergiftenden Form eingesetzt, indem beispielsweise

Kritikfehler vermeiden

- autoritäre Kritik,
- persönliche Kritik,
- verallgemeinernde Kritik,
- Kritik in Gegenwart Dritter,
- ironische/sarkastische Kritik,
- telefonische Kritik,
- schriftliche Kritik,
- Kritik durch Dritte,
- Kritik am abwesenden Mitarbeiter,
- gesammelte Kritik,
- wiederholte Kritik aus demselben Anlass,
- Kritik vor Abwesenheit oder
- Kritik bei Unwesentlichem

geübt wird. Viele Formen destruktiven/schmerzenden Kritisierens sind für unser heutiges soziales Arbeitsklima einfach unzeitgemäß.

Als sozial sensibler Vorgesetzter vermeiden Sie fehlerhafte Kritik und führen dafür logisch und psychologisch treffende Kritikgespräche. Vor Gesprächsbeginn prüfen Sie gewissenhaft, ob Sie sich gut vorbereitet haben und die

Vor Kritik Checkliste durchsehen

Voraussetzungen für ein sachliches und konstruktives Gespräch erfüllt sind. Hilfe bietet eine Checkliste, deren Fragen Sie sich vor jedem Kritikgespräch stellen sollten:

Checkliste

	Ja	Nein
1. Muss in diesem Fall Kritik geübt werden?	☐	☐
2. Bin ich für diese Kritik zuständig?	☐	☐
3. Bin ich bereit, die häufigsten Fehler im Kritikgespräch zu vermeiden?	☐	☐
4. Kann ich den Gesprächstermin bestimmen?	☐	☐
5. Kann ich den Gesprächsort bestimmen?	☐	☐
6. War die ursprüngliche Zielvereinbarung realistisch?	☐	☐
7. Treten schwerwiegende Folgen auf, wenn ich das Kritikgespräch nicht führe?	☐	☐

Zu 1.:
Sie überlegen, ob Sie von dem traditionellen Rollenverständnis abgerückt sind, wonach jegliches Fehlverhalten vom Vorgesetzten gerügt und auch bestraft werden muss. Soll auf Nebensächlichkeiten herumgeritten werden, verzichten Sie lieber auf Kritik.

Zu 2.:
Der direkte Vorgesetzte hat Kritik zu üben. Von diesem Grundsatz darf nur in Fällen akuter Gefahr abgewichen werden.

Zu 3.:
Fehlerhafte Kritik (siehe Seite 123) hat bei Ihnen hoffentlich keine Chance. Sie laufen auch nicht Gefahr, Ihren negativen Stimmungen nachzugeben und durch Ihr missmutiges und launisches Verhalten bei Ihrem Mitarbeiter eigene Frustrationen abzuladen.

Zu 4.:
Ein Kritikgespräch in einer Atmosphäre von Eile oder Hektik lehnen wir ab. Für ein ernsthaftes Gespräch sollten beide Gesprächsteilnehmer nicht unter Zeitdruck stehen.

Zu 5.:
Ein improvisiertes Kritikgespräch zwischen Tür und Angel, das möglicherweise auch noch von Dritten verfolgt werden kann, ist abzulehnen. Die äußeren Bedingungen müssen ein ruhiges und ungestörtes Gespräch zulassen.

Zu 6.:
Denkbar ist, dass die ursprüngliche Zielvereinbarung für den Mitarbeiter unrealistisch hoch angesetzt war und deshalb keine zufrieden stellenden Ergebnisse verzeichnet werden konnten. Trifft dies zu, entfällt Kritik und an ihrer Stelle sind erreichbare Ziele gemeinsam neu zu vereinbaren.

Zu 7.:
Prüfen Sie noch einmal, ob das von Ihnen beabsichtigte Kritikgespräch auch wirklich nötig ist. Die Kritik stellt ein zurückhaltend zu nutzendes Führungsmittel dar, welches bei zu häufigem Einsatz an Wirkung verliert.

Erst wenn Sie alle in der Checkliste aufgeführten Fragen ruhigen Gewissens mit „Ja" beantwortet haben, schreiten Sie zur Tat.

6-stufiges Gesprächsmodell Führen wir ein Kritikgespräch systematisch nach einem „geistigen Fahrplan", so vermindert sich das Risiko einer erfolglosen Kritik und die Erfolgsaussichten erhöhen sich erheblich. Deshalb empfehlen wir das Durchführen konstruktiver Kritikgespräche nach einem praxisbewährten sechsstufigen Gesprächsmodell:

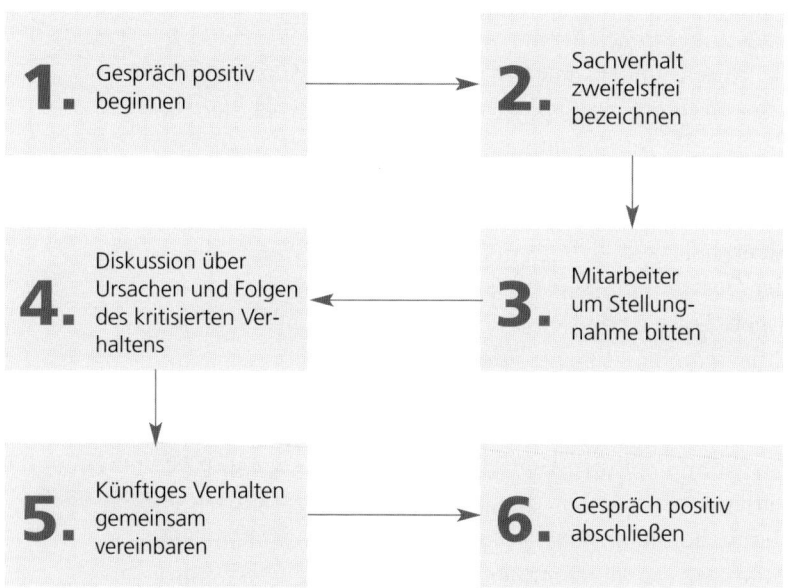

1. Gespräch positiv beginnen

2. Sachverhalt zweifelsfrei bezeichnen

4. Diskussion über Ursachen und Folgen des kritisierten Verhaltens

3. Mitarbeiter um Stellungnahme bitten

5. Künftiges Verhalten gemeinsam vereinbaren

6. Gespräch positiv abschließen

Phase 1: Gespräch positiv beginnen

Stabile Kontaktbrücken errichten Soll ein Gespräch ein konstruktives Ergebnis bringen, muss auch die Gesprächsatmosphäre positiv sein, im Klima „dicker Luft" kann ein vertrauensvolles Gespräch nicht gedeihen. Erhält der Mitarbeiter den Eindruck, hier sei er Mittelpunkt eines Tribunals, wird er von Beginn an auf Verteidigung sinnen und für ein entkrampftes und sachliches Gespräch nicht zur Verfügung stehen. Daher ist es unabdingbar, mit einem gesprächsfördernden Kontakt zum Mitarbeiter ein emotional ansprechendes Angebot zu machen. Wir stellen demzufolge das „Miteinander-warm-Werden" in den Vordergrund, eine Vertrauensbasis soll geschaffen beziehungsweise verstärkt werden. Es gilt der Grundsatz:

Wie man startet, so liegt man im Rennen!

Einen optimalen Gesprächsbeginn stimmen Sie mit dem erforderlichen Einfühlungsvermögen sorgfältig auf die Person des Mitarbeiters ab. Fragen Sie sich also, mit welchen Sympathie erzeugenden Aussagen anfänglich vielleicht vorhandenes Eis gebrochen werden kann. Mit Sicherheit lässt sich zum allgemeinen Verhalten oder zu der Gesamtleistung des Mitarbeiters auch etwas Positives sagen. Finden Sie diese Punkte heraus und bauen Sie mit ihnen eine stabile Kontaktbrücke!

Phase 2: Sachverhalt zweifelsfrei bezeichnen

Erst die sorgfältige Analyse des Geschehens ergibt eine verlässliche Ausgangsbasis und lässt Sie erkennen, ob von der Sache her ein Kritikgespräch erforderlich ist. Denn mit unklaren Pauschalformulierungen, Verallgemeinerungen, vagen Behauptungen und allgemeinen Floskeln lässt sich nur unzureichend Kritik üben. Statt um den heißen Brei herumzureden, müssen Sie sich schon bemühen, die festgestellte Abweichung vom Soll genau und konkret zu bezeichnen.

Zunächst das IST ermitteln

Arbeiten Sie nicht mit Vermutungen, Vorhaltungen und Anklagen, für die Ihnen Beweise fehlen. Welchen Eindruck erwecken Sie wohl bei Ihrem Mitarbeiter, wenn Sie, nach konkreten Hinweisen befragt, gestehen müssen, nichts Genaues zu wissen?

Hüten Sie sich auch, Anschuldigungen von Dritten als erwiesene Tatsachen anzusehen. Wittern Denunzianten bei Ihnen Morgenluft, kann dies nur zur Verschlechterung des Arbeitsklimas führen. Von anderen Personen Übernommenes genügt Ihnen für eine Kritik nicht, denn oft werden Situationen einseitig, unvollständig und manchmal sogar bewusst verfälscht dargestellt. Nicht selten stößt man bei der Klärung des Sachverhalts auf Umstände, die das Ganze in einem völlig anderen Licht erscheinen lassen.

Vergleiche mit Dritten vermeiden Stellen Sie in Gegenwart des Mitarbeiters keine Vergleiche mit den Leistungen oder dem Verhalten seiner Kollegen an. Das könnte sonst bei ihm zu Neid oder Missgunst führen und das Arbeitsklima stören. Im Blickpunkt steht immer nur der am Gespräch teilnehmende Mitarbeiter.

Ziel: eindeutige Ausgangsbasis Am Ende dieser Stufe tritt eine eindeutig bezeichnete und daher von beiden Seiten erkannte Ausgangslage in den Vordergrund. Man hat eine Basis, um hoffentlich nicht aneinander vorbeizureden: Der Vorgesetzte konnte wertfrei – das heißt ohne Schuldzuweisung – den Sachverhalt schildern, wie er ihn nach seiner Analyse sah, und der Mitarbeiter weiß nun genau, auf welchen Punkt das Gespräch begrenzt ist.

Phase 3: Mitarbeiter um Stellungnahme bitten

Gestehen Sie dem Mitarbeiter ein Äußerungsrecht zu Gestehen wir als ein zwingendes Gebot der Fairness dem Mitarbeiter das Recht auf Äußerung zu dem Sachverhalt zu und hören wir ihn soweit wie irgend möglich unvoreingenommen an. Vielleicht lässt die Stellungnahme erkennen, dass dem Mitarbeiter kein kritikfähiges Verhalten anzulasten ist, weil zum Beispiel einer anderen Person der Fehler zuzuschreiben ist, Zuständigkeitsregelungen unklar waren, Anweisungen unterschiedliche Interpretationen zuließen oder notwendige Informationen nicht rechtzeitig zur Verfügung standen. Hier schieben Sie Ihrem Mitarbeiter die erkannten Missstände nicht „in die Schuhe", sondern sorgen für Fehlerbegrenzung und -vermeidung. Ein Vorgesetzter sollte zudem den Mut zu einer formellen Entschuldigung aufbringen, wenn er bei der Stellungnahme des Mitarbeiters erkennen muss, dass er in seiner Situationsbeschreibung einem Irrtum aufgesessen ist.

Räumen Sie dem Mitarbeiter die Möglichkeit ein, im Bedarfsfall das Gespräch zu unterbrechen, wenn er für seine Stellungnahme Beiträge aus Unterlagen benötigt. Scheuen auch Sie sich nicht, das Gespräch zu einem späteren Termin fortzusetzen, wenn der Mitarbeiter neue Gesichtspunkte vorträgt, mit denen Sie sich erst einmal beschäftigen müssen.

Notfalls Gespräch unterbrechen

Erst wenn mit klaren Fakten ein gesicherter Tatbestand zu erkennen ist, wird auf dieser Grundlage das Gespräch zur nächsten Phase übergeleitet.

Phase 4: Diskussion über Ursachen und Folgen des kritisierten Verhaltens

In dieser Gesprächsphase kommt es darauf an, gleichberechtigt und gemeinsam die Ursachen und die Folgen des kritisierten Verhaltens zu erörtern. Häufig werden wir Fehler nur dann korrigieren können, wenn die Ursachen bekannt sind. Wissen wir, weshalb etwas falsch gelaufen ist, werden wir eher Möglichkeiten finden, für die Zukunft eine Besserung zu erzielen: So werden Unzulänglichkeiten im organisatorischen Bereich neuen Erfordernissen angepasst, vorhandene Wissenslücken beim Mitarbeiter durch verstärkte Schulung oder gezielte Information geschlossen und eine unzureichende Arbeitsausführung vorrangig durch Training/Schulung korrigiert. Es ist also durchaus in Ordnung, nach den Ursachen von Fehlern zu forschen,

Ursachen und Folgen diskutieren

129

denn der Zweck des Nachhakens liegt in der Ausmerzung der Fehlerquelle, nicht in der Verurteilung des Mitarbeiters. Völlig verfehlt wäre allerdings das Anstimmen von Klageliedern über Vergangenes.

Spätestens in diesem Gesprächsteil soll der Mitarbeiter nach einer ruhig und sachlich geführten Diskussion erkennen können, dass und aus welchem Grunde seine Handlungsweise verfehlt war. Die Mängel sollten nunmehr von beiden Gesprächsteilnehmern in gleicher Weise beurteilt werden, um in der nächsten Gesprächsphase Korrekturmaßnahmen entwickeln zu können.

Phase 5: Künftiges Verhalten gemeinsam vereinbaren

SOLL unmissverständlich vereinbaren

Verhaltensänderungen beruhen immer auf Lernprozessen. Möglicherweise soll der Mitarbeiter während einer längeren Zeitspanne herangebildete Gewohnheiten ablegen, anpassen oder durch neue ersetzen. Dies bedeutet stets ein Umlernen. Umlernen erfordert mehr Energie als erstmaliges Lernen. Höchst fraglich ist jedoch, ob der Mitarbeiter zu dem erforderlichen Kraftaufwand für das Umlernen bereit ist, wenn wir ihm eine neue Regelung ohne seine Beteiligung „aufdrücken", die er „der Not und nicht dem eigenen Triebe" gehorchend praktizieren soll. Wohl kaum!

Weit günstiger ist es, mit dem Mitarbeiter partnerschaftlich zu besprechen – ihm nicht zu diktieren –, wie in Zukunft vorgegangen werden soll. Dieser Blick in die Zukunft ist bedeutsamer, als weiter über längst vergossene Milch zu jammern. Denn der Mitarbeiter hört nur ungern Vorwürfe seines Vorgesetzten. Jetzt steht die Lösung des diskutierten Problems im Vordergrund, die möglichst auch zu erwartende ähnliche Probleme ausschließen müsste.

Bei der angestrebten Vereinbarung sollten Sie eine aktive Beteiligung des Mitarbeiters anstreben, indem dieser eigene Zielvorstellungen und Verhaltensänderungen entwickelt. Je mehr der Mitarbeiter richtige Wege, Mittel und Maßnahmen vorschlägt, umso stärker wird er eine seine eigenen Gedanken beinhaltende Lösung akzeptieren, sich mit ihr identifizieren und sie dann auch realisieren. Ergebnisse, die der Mitarbeiter mit festlegen konnte, bündeln seine Energien für konkrete Handlungen. Mit größerem Eifer wird er trotz anfänglicher Schranken und Hemmnisse eher das Ziel zu erreichen versuchen als ein anderes, welches ihm aufgezwungen wurde.

Mitarbeiter soll Künftiges aktiv mitgestalten

Die vereinbarten realistischen Verbesserungsvorschläge sind auf eine ruhige, klare und nicht verletzende Weise unmissverständlich zu bezeichnen. Mit der zweifelsfreien Definition des künftigen Vorgehens richten Sie die Aufmerksamkeit des Mitarbeiters auf das anzuvisierende Ziel. Jetzt sind ihm die Fakten bekannt, die ihm helfen werden, künftig genau ins Schwarze zu treffen.

Ihre konkreten und eindeutigen Aussagen zu dem künftigen Verhalten müssen dem Mitarbeiter auch helfen, sich an die neue Vereinbarung zu halten. Obwohl Sie an der Bereitschaft des Mitarbeiters nicht zweifeln, dass dieser sein bisheriges Fehlverhalten abstellt und dafür das Vereinbarte berücksichtigt, werden Sie dennoch mit ihm ganz offen verstärkte Kontrollen vereinbaren. Damit weiß er, dass die Sache ernst gemeint und wichtig ist.

Phase 6: Gespräch positiv abschließen

Achten Sie darauf, dass dem Kritikgespräch kein „bitterer Nachgeschmack" anhaftet. Geben Sie sich große Mühe, das Kritikgespräch in einem freundlichen Klima abzuschließen. *Goethe* erkannte:

Der letzte Eindruck bleibt

> Aufmunterung nach dem Tadel ist Sonne nach dem Regen, fruchtbares Gedeihen.

Es darf nach dem Gespräch keinen Sieger und keinen Verlierer geben. Beide Seiten sollen letztlich das Gefühl haben, durch das Gespräch etwas gewonnen zu haben.

Der Mitarbeiter soll Sie nicht mit Leichenbittermiene und hängendem Kopf verlassen, sondern mit erhobenem Haupt und frischem Mut an seine Arbeit gehen. Er soll sich nach wie vor in seiner Haut wohl fühlen und willens sein, das ihm entgegengebrachte Vertrauen mit größerem Engagement und besseren Leistungen zu beantworten.

Motivator 7: Gezielte Förderung und Entwicklung

Mehr denn je hat heute die Erkenntnis von *Rousseau* Gültigkeit:

> **Die wertvollste Investition ist die in den Menschen.**

In einer Zeit, in der neue Techniken immer stärker in Betrieben Einzug halten und Entwicklungszeiten und Produktionszyklen ständig verkürzt werden, wächst die Bedeutung einer schnellen Anpassung an neue Rahmenbedingungen. Das technische Wissen nimmt rapide zu und lässt vorhandenes Wissen schneller veralten. Diese Wissensexplosion (der Wissensbestand verdoppelt sich alle zwei Jahre) bewirkt ein ständiges Absinken der Halbwertszeit des Wissens. Heute Gelerntes ist nach einigen Jahren kaum mehr anwendbar. Demzufolge ist die Bereitschaft und Fähigkeit zu ständiger Weiterbildung, zum gezielten Aneignen erforderlicher neuer Spezialkenntnisse, zur Verzögerung eines altersbedingten Leistungsabfalls sowie zur Teilhabe am allgemeinen Wissensfortschritt unverzichtbar.

Wissen veraltet schnell

Die Bereitschaft und Fähigkeit der Betriebsmitglieder, sich diesem ständigen Lernprozess zu stellen und ihn erfolgreich zu bestehen, wird zur Schlüsselqualifikation für jeden Betriebsangehörigen und gleichzeitig zu einem gravierenden Wettbewerbsvorteil des Unternehmens.

Schlüsselqualifikation lebenslanges Lernen

**Weiterbildungs-
bemühungen
unterstützen**

Sorgen Sie für eine kontinuierliche Aktualisierung und Ausweitung des Know-hows sowohl bei sich selbst als auch bei Ihren Mitarbeitern. Je genauer die Ziele, Inhalte und Methoden von Qualifizierungsmaßnahmen an die Bedürfnisse der Mitarbeiter und die Arbeitsbedingungen angepasst sind, desto größer ist der Nutzen.

**Positive Einstellung
zur Mitarbeiter-
förderung**

Die Qualität einer Führungskraft lässt sich auch an der zunehmenden Qualifizierung ihrer Mitarbeiter ablesen. Erfolgsorientierte Vorgesetzte ermöglichen ihren Mitarbeitern unter Beachtung ihrer persönlichen Interessen Qualifizierungen, die für aktuelle und künftige Aufgaben benötigt werden. Schließlich sorgen sie sogar dafür, dass diese „gewachsenen" Mitarbeiter eine ihren Fähigkeiten und Interessen adäquate Position erhalten. Sie können gut mit dem Risiko leben, dass sie in dem einen oder anderen Fall einen qualifizierten Mitarbeiter verlieren. Dieses Manko lässt sich indes verkraften, wenn der Mitarbeiter bis zu seinem Weggang gute Arbeit geleistet hat und die übrigen Mitarbeiter erkennen können, dass sich in ihrem Bereich Leistung bei Arbeit und Weiterbildung auszahlt.

Schwache Vorgesetzte behindern hingegen die Qualifizierung ihrer Mitarbeiter, weil sie sich von ihrer Furcht leiten lassen, sie könnten überflüssig werden oder mögliche Rivalen großziehen, die später die eigene Ablösung betreiben. Zunehmend verfestigt sich bei diesen Positionsinhabern der „Stuhlsägekomplex", wenn nachgeordnete Mitarbeiter ihre Fach-/Führungskompetenz steigern und dies auch für Dritte – insbesondere für den eigenen Chef – erkennbar wird. Hin und wieder kommt auch die Sorge hoch, es könne bei Meldung von Mitarbeitern zu Fortbildungsmaßnahmen der Eindruck entstehen, als habe man zu viel Personal.

Gelegentlich wird der Standpunkt vertreten, eine Förderung und Entwicklung der Mitarbeiter sei entbehrlich, weil sich bei attraktiven materiellen Anreizen fachlich qualifizierte Bewerber durchaus finden lassen. Würde sich diese Auffassung auf breiter Front durchsetzen, könnte nicht mehr mit einer bestmöglichen Aufgabenerledigung durch die etablierten Mitarbeiter gerechnet werden. Viele Beförderungsposten würden durch Seiteneinsteiger besetzt, so dass die Motivation der Mitarbeiter durch verbaute Aufstiegsmöglichkeiten sinken und in Frustration umschlagen könnte.

Seiteneinsteiger können Mitarbeiterförderung nicht ersetzen

Vorausschauende Arbeitgeber fördern die Bindung der Betriebsangehörigen an das Unternehmen durch deren gezielte Förderung.

Betriebsbindung verstärken

Mitarbeiter aller hierarchischen Stufen sollten in eine gezielte Förderung einbezogen werden, nicht nur die hoch qualifizierten Mitarbeiter oder jene Betriebsangehörigen mit besonderen Karriereambitionen oder -fähigkeiten. Spezielle Beachtung sollte Mitarbeitern mit geringem Know-how geschenkt werden, weil bei ihnen geringfügige betriebliche Änderungen Probleme aufwerfen können, die nur unter großen Schwierigkeiten lösbar sind. Hier lassen sich durch frühzeitig eingeleitete Förderungsmaßnahmen Irritationen vermeiden und Veränderungsprozesse ohne Bremsversuche durch Beteiligte oder Betroffene initiieren.

Alle Mitarbeiter fördern

Die Förderung und Entwicklung von Mitarbeitern im fachlichen oder führungsmäßigen Bereich sollte aber nicht nur unter dem Blickpunkt des Ausgleichs von Defiziten und der Anpassung von Fertigkeiten und Kenntnissen an veränderte/neue Rahmenbedingungen betrachtet werden. Auch der Vorbereitung von Mitarbeitern auf künftige höherwertige Aufgaben im Unternehmen ist eine zuneh-

Karriere- und Nachfolgeplanungen einbeziehen

mende Bedeutung beizumessen. Sie bereiten systematisch in einem überschaubaren Zeitraum den für einen Aufstieg vorgesehenen Mitarbeiter auf die beabsichtigte Funktionsübernahme vor. Parallel zu Karriere- und Nachfolgeüberlegungen planen Sie gemeinsam mit dem Mitarbeiter, welche noch fehlenden Qualifikationen auf welchen Wegen erworben werden sollen. Dass hierbei den Wünschen und Vorstellungen des Mitarbeiters besonders Gehör zu schenken ist, versteht sich von selbst. Kein Mitarbeiter kann dauerhaft über seinen Kopf hinweg zur Karriere gezwungen werden!

Leistungsgrenze abschätzen Der Erörterung von Förderungs-/Entwicklungsbemühungen geht Ihre Einschätzung voraus, ob der Mitarbeiter bereits seine Leistungsgrenze (= individuelles Maximum) erreicht hat. Zumeist wird das Entwicklungspotenzial des Mitarbeiters nicht ausgeschöpft sein, sodass durch weitere Förderung/Entwicklung die Mitarbeiter-Höchstform und damit sein höchstmögliches Leistungsniveau für die betrieblichen Aufgabenstellungen angestrebt wird.

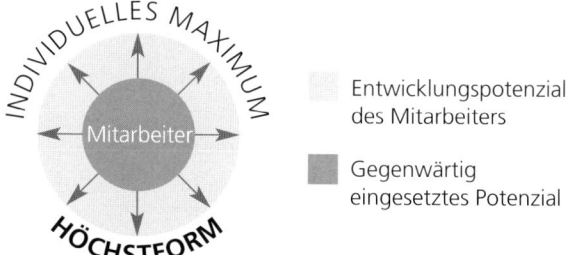

Ermöglichen Sie Ihren Mitarbeitern individuellen Fortschritt und persönlichen Lernerfolg, können diese sich selbst verwirklichen (Stufe 5) und hiermit gleichzeitig auch Bedürfnisse auf den Stufen 2 bis 4 der Bedürfnispyramide realisieren.

Resümee

Strebe in allen Lebensumständen stets danach, das Nützliche für die anderen mit dem Angenehmen für dich selbst zu verbinden.

Eingedenk dieses Ratschlages des türkischen Schriftstellers *Nasreddin* ist möglicherweise Ihr Ehrgeiz kaum mehr zu bremsen, Ihr Führungsverhalten sogleich grundlegend zu verändern und akzeptierte Empfehlungen in die Tat umzusetzen. Da seit jeher die Vorbildfunktion des Vorgesetzten einen hohen Stellenwert einnimmt und nichts so wirkungsvoll wie das gelebte Beispiel ist, bestärken wir Sie in Ihrer löblichen Absicht.

Haben Sie dennoch bitte ein wenig Geduld und gehen Sie bei der Umsetzung der beabsichtigten Änderungen nicht mit der Hauruckmethode vor. Bei Ihren Mitarbeitern würden Sie auf Unverständnis und Ablehnung stoßen, wenn Sie als bisher „ausrechenbarer" Vorgesetzter plötzlich völlig neue Verhaltensweisen praktizieren oder bisher nicht geäußerte Erwartungen darlegen würden, mit denen niemand umzugehen gewohnt ist. Die auftretende Verunsicherung würde letztlich Widerstand bewirken, sodass Sie an der Richtigkeit unserer Empfehlungen zu zweifeln begännen und alle guten Vorsätze schnell versandeten. Ihre Skepsis gegenüber den eigentlich vorzunehmenden Veränderungen würde zunehmend steigen. Die Folge: Sie würden wieder zu Ihren alten Verhaltensweisen zurückkehren und es bliebe alles beim gewohnten Trott.

Neuerungen nicht sofort umsetzen

Führungsverhalten sensibel umsetzen Wichtig ist, dass Sie alles vermeiden, was zur Demotivation Ihrer Mitarbeiter führen könnte, und dafür den erkannten Änderungsbedarf allmählich mit einem beträchtlichen Maß an Geduld Schritt für Schritt in die Tat umsetzen.

Enttäuschungen einkalkulieren Und vergessen Sie bitte eines nicht: Mitarbeiter sind keine seelenlosen Maschinen, sondern Menschen, die auch in der Arbeitswelt niemals nur rational handeln, sondern auch irrational und emotional. Akzeptieren Sie demzufolge bitte, dass nicht alles wunschgemäß laufen wird. In Phasen von Enttäuschungen und Misserfolgen gilt ein chinesisches Sprichwort:

> **Fürchte dich nicht vor dem langsamen Vorwärtsgehen, fürchte dich nur vor dem Stehenbleiben.**

Dieses Buch enthält diverse Ratschläge und Empfehlungen, deren Umsetzung von Ihnen Beweglichkeit im Handeln und soziales Einfühlungsvermögen erfordern. Es ist zu wünschen, dass schließlich über Sie in ähnlicher Hochachtung berichtet wird, wie es *Schiller* über *Wallenstein* tat:

> **Und eine Lust ist's, wie er alles weckt und stärkt und neu belebt um sich herum, wie jede Kraft sich ausspricht, jede Gabe gleich deutlicher sich wird in seiner Nähe! Jedwedem zieht er seine Kraft hervor, die eigentümliche, und zieht sie groß. Lässt jeden ganz das bleiben, was er ist; er wacht nur drüber, dass er's immer sei am rechten Ort.**
> **So weiß er aller Menschen Vermögen zu dem seinigen zu machen.**

Auf Ihrem Weg zu diesem Ziel wünschen wir Ihnen eine glückliche Hand und viel Erfolg.

Literaturhinweise

Armstrong, Michael: Wie man ein noch besserer Manager wird, Wien 1996

Harlander, Norbert: So motiviere ich meine Mitarbeiter, Köln 1982

Herzberg, Frederick: The motivation to work, New York 1959

Kratz, Hans-Jürgen: Anerkennung und Kritik, Wien 1997

Kratz, Hans-Jürgen: Delegieren – aber wie? Offenbach 2000

Kratz, Hans-Jürgen: Kontrollieren – aber wie? Offenbach 2000

Kratz, Hans-Jürgen: Neue Mitarbeiter erfolgreich integrieren, Wien 1997

Kratz, Hans-Jürgen: 30 Minuten für zielorientierte Mitarbeitergespräche, Offenbach 2001

Maslow, Abraham: Motivation und Persönlichkeit, Hamburg 1994

McGregor, Douglas: Der Mensch im Unternehmen, Düsseldorf 1973 von Rosenstiel, Lutz: Motivation im Betrieb, München 1972

Stroebe, Guntram: Gezielte Verhaltensänderung, Heidelberg 1979

Stichwortverzeichnis